Carolin Fischer, Björn Streich

Amoklauf an Schulen - Befunde, Prävention und Intervention durch soziale Arbeit

GRIN - Verlag für akademische Texte

Der GRIN Verlag mit Sitz in München hat sich seit der Gründung im Jahr 1998 auf die Veröffentlichung akademischer Texte spezialisiert.

Die Verlagswebseite www.grin.com ist für Studenten, Hochschullehrer und andere Akademiker die ideale Plattform, ihre Fachtexte, Studienarbeiten, Abschlussarbeiten oder Dissertationen einem breiten Publikum zu präsentieren.

Dokument Nr. V161091 aus dem GRIN Verlagsprogramm

Carolin Fischer, Björn Streich

Amoklauf an Schulen - Befunde, Prävention und Intervention durch soziale Arbeit

GRIN Verlag

Bibliografische Information der Deutschen Nationalbibliothek: Die Deutsche Bibliothek verzeichnet diese Publikation in der Deutschen Nationalbibliografie; detaillierte bibliografische Daten sind im Internet über http://dnb.d-nb.de/ abrufbar.

1. Auflage 2010
Copyright © 2010 GRIN Verlag
http://www.grin.com/
Druck und Bindung: Books on Demand GmbH, Norderstedt Germany
ISBN 978-3-640-75453-3

Amoklauf an Schulen -

Befunde, Prävention und Intervention
durch Soziale Arbeit

Bachelorarbeit

in der Fakultät Soziale Arbeit, Gesundheit und Pflege

an der Hochschule Ravensburg-Weingarten

vorgelegt von

Carolin Fischer

Björn Streich

Deggenhausertal, den 09. September 2010

Inhaltsverzeichnis

1 Einleitung

Der Amoklauf an Schulen wird wissenschaftlich als „School Shootings" oder „zielgerichtete schwere Gewalttaten an Schulen" bezeichnet. Ein solches Ereignis lässt eine Gesellschaft schockiert und voller Unverständnis zurück. Um dem Phänomen des Amoklaufs entgegenwirken zu können, ist die Zusammenarbeit von verschiedenen Berufsgruppen notwendig. Neben Pädagogen, Psychologen und Polizisten könnte auch die Sozialarbeit in der Prävention von Amoktaten eine bedeutsame Rolle einnehmen.

Wir versuchen in dieser Arbeit, Erklärungen für eine solche Tat zu finden und beschäftigen uns weiterhin mit der Frage, inwieweit die Sozialarbeit dazu beitragen kann, in direktem Kontakt mit potenziellen Tätern und deren Umfeld, einen Amoklauf zu verhindern.

Zur Beantwortung dieser Fragen beginnen wir zunächst mit einem Fallbeispiel. Anschließend werden die wichtigsten Begriffe wie Amoklauf und School Shooting erklärt. Den sozialen Stellenwert dieses Themas werden wir dann anhand von gesellschaftlichen Befunden wie dem Setting Schule oder der Gesetzeslage in Deutschland verdeutlichen (C. Fischer).

Mit Hilfe verschiedener Studien wird dann das Phänomen des Amoklaufs an Schulen genauer betrachtet und interpretiert (B. Streich). In einem weiteren Teil unserer Arbeit untersuchen wir das Phänomen des Amoklaufs auch bezüglich soziologischer und psychologischer Erklärungsansätze, die neben der Thematik der Phantasie auch kriminologische Kontrolltheorien beinhalten (B. Streich).

Besondere Beachtung finden auch Nachahmungstaten und Medien, um damit schließlich die Grundlagen der möglichen Prävention zu bilden (C. Fischer). Im Anschluss werden wir diese Erklärungsansätze auf unseren Beispielfall anwenden (C. Fischer). Den nächsten Punkt unserer Arbeit bildet die Auswirkung auf die Betroffenen, im Sinne der Traumabewältigung (C. Fischer).

Da es im Interesse der Allgemeinheit liegt solche Ereignisse zukünftig zu verhindern, werden in einem weiteren Schritt die Möglichkeiten der Prävention und Intervention durch Soziale Arbeit näher betrachtet. Besondere Beachtung findet dabei neben den Präventionsmodellen die primärpräventive Arbeit und die auf unser Fallbeispiel bezogenen Präventions- und Interventionsmöglichkeiten (C. Fischer).

Alle in dieser Arbeit verwendeten Personenbezeichnungen sind grundsätzlich geschlechtsneutral zu verstehen.

1.1 Emsdetten 2006 – ein Amoklauf

Am Montag, dem 20.11.2006, gegen 09:20 Uhr, fährt der ehemalige Schüler Bastian B. in Emsdetten mit dem Auto seiner Großmutter zur Geschwister-Scholl-Realschule. Der 18-jährige führt das Fahrzeug, ohne im Besitz eines Führerscheins zu sein. Er trifft pünktlich zu Beginn der großen Pause ein, während der sich auf dem Schulhof zahlreiche LehrerInnen und SchülerInnen aufhalten. Bastian B. stellt das Fahrzeug in unmittelbarer Nähe der Schule ab und befestigt mehrere rohrähnliche Gegenstände an seinem Körper bzw. verbirgt sie unter seinem langen, dunklen Trenchcoat. Auf seinem Weg zum Schulhofbereich zündet er bereits eine selbst gebaute Rohrbombe und einen Rauchtopf.

Als eine Lehrerin die lauten Geräusche bemerkt, folgt sie ihm. Daraufhin wirft B. einen Rauchtopf nach ihr, wodurch sich die Geschädigte Gesichtsverletzungen zuzieht. Anschließend versucht B., sie mit einer Schusswaffe zu treffen, was ihm aber nicht gelingt.

Auf dem Weg in Richtung Haupteingang des Schulgebäudes gibt B. mehrere Schüsse auf SchülerInnen ab, die sich auf dem Schulhof befinden. Zu dieser Zeit versucht auch der jüngere Bruder von B. diesen aufzuhalten und spricht ihn an, er wird jedoch mit der Bemerkung, er solle nach Hause gehen, abgewiesen.

Direkt nach dem Betreten des Schulgebäudes schießt B. auf den Hausmeister, der schwere Bauchverletzungen erleidet. In der Aula des Schulgebäudes schwenkt er anschließend mit einer Schusswaffe hin und her und schießt dabei gezielt auf mehrere Schüler. Als B. das Treppenhaus zum 2. OG erreicht, schießt er dort auf eine Schülergruppe, die dort gerade herunterkommt. Dabei werden zwei Schülerinnen schwer verletzt. Im oberen Flur zündet B. dann einen sog. Molotowcocktail, wodurch es zu erheblicher Rauchentwicklung im oberen Gebäudeteil kommt. In diesem Flur des 2. OG begeht B. dann schließlich mit einer der von ihm mitgeführten Waffen Suizid. Er wird dort um 10:36 Uhr durch Spezialkräfte der Polizei leblos aufgefunden.

Die Bilanz dieses Amoklaufs: Es wurden 21 Personen aus dem unmittelbaren Schulumfeld und 16 Polizeibeamte verletzt. Davon wurden 5 Personen durch direkte Schüsse, teilweise lebensgefährlich, verletzt. Andere Verletzungen sind hauptsächlich Schock- und Rauchverletzungen (HOFFMANN/WONDRAK 2007: 36).

1.2 Begriffserklärungen

1.2.1 Amoklauf

Der Begriff „Amok" stammt aus dem malaiischen Wort „amuk" und bedeutet ursprünglich „wütend", „rasend" oder „im Kampf sein Letztes geben" (GUGEL 2010: 650, FOCUS 2002: 26).

Gemäß der Monographie von Adler (2000) lässt sich anhand der von ihm benutzten Kriterien implizit auf die Merkmale eines Amoklaufs schließen. Demnach muss die Tat

* zum Tode eines Menschen geführt haben oder so angelegt gewesen sein, dass sie „dazu hätte führen können, wenn nicht äußere (…) Gründe den Taterfolg verhindert hätten."

* mindestens zeitweise ohne Rücksicht auf das eigene Leben durchgeführt worden sein oder direkt zum eigenen Tod durch Suizid oder Fremdeinwirkung geführt haben.

* „Impulsiv-raptusartig" beginnen (zumindest äußerlich gesehen).

* Letztlich darf die Tat nicht „durch politische, ethnische, religiöse oder kriminelle Motive bestimmt" gewesen sein (ADLER 2000: 29, 50f.).

Wir befassen uns in der vorgelegten Arbeit nicht mit allen Formen des Amok, da dies zu umfangreich wäre. Daher grenzen wir unsere Arbeit auf den Amoklauf an Schulen, dem so genannten School Shooting, ein.

1.2.2 School Shooting

Der zuerst in den USA eingebürgerte Begriff „School Shooting" umschreibt gleichzeitig sowohl den Ort der Tat als auch die in der Mehrzahl der Fälle benutzte Waffe (ROBERTZ 2004: 19 f.). Dieser US-amerikanische Terminus wird in dieser Arbeit nach den Regeln der deutschen Rechtschreibung (hier: Duden-Newsletter vom 04. Juli 2000) als deutsches Substantiv (School Shooting) verwendet (ROBERTZ 2004: 19).

Der Begriff „School Shooting" bezeichnet, analog zu einem Querschnitt der US-amerikanischen Literatur, Tötungen oder Tötungsversuche durch Jugendliche an Schulen, die mit einem direkten und zielgerichteten Bezug zu der jeweiligen Schule begangen werden (ROBERTZ 2004: 20f.).

2 Gesellschaftliche Befunde

2.1 Setting Schule

Während Erwachsene eher in der Familie oder am Arbeitsplatz Amok laufen, sind für Jugendliche Schulen die Projektionsfläche ihres Hasses. Schulen werden verschärft zu Orten der Konkurrenz, der Selektion und damit auch der Kränkung (EISENBERG 2007: 25). Da junge Menschen sich in der Regel durch Gleichaltrige definieren, ihre Mitschüler sind für sie ähnlich einer Familie die sie jeden Tag sehen, kann es in der Schule durch Ablehnung, Ausgrenzung oder Misshandlung zu tiefen seelischen Verletzungen kommen.

Die Wahl des Schauplatzes für die Inszenierung des eigenen „Abgangs" fällt auf die Schule, weil diese als Symbol des misslungenen Lebens gesehen wird sowie als Ort, an dem alles Unglück begann. Da die Schüler eine in die Zukunft weisende Lebendigkeit symbolisieren und der Amokläufer diese nicht finden konnte, soll sie nun keinem zuteil werden. Das Glück der Anderen kann beim Täter einen unbändigen Vernichtungsimpuls „hervorkitzeln" (ebd.).

Gerade wenn die Elternhäuser ihre erzieherischen Aufgaben nicht mehr mit ausreichender Zuverlässigkeit wahrnehmen, müssen Schulen diese Situation kompensieren und sich zu geschützten, verlässlichen Orten entwickeln, aus denen ein Schüler auch dann nicht vertrieben werden darf, wenn er leistungsschwach ist oder ein anderes auffälliges Verhalten zeigt (ebd.).

2.2 Internationaler Kontext

Eine Analyse der polizeilichen Kriminalstatistik (PKS) zeigt, dass die generelle Tötungskriminalität durch Jugendliche und Heranwachsende in den letzten fünfzehn Jahren in Deutschland kontinuierlich und deutlich wahrnehmbar abnimmt, und auch in den USA die allgemeine Tötungskriminalität durch Jugendliche sinkt (ROBERTZ/WICKENHÄUSER 2007: 13).

Die Betrachtung der School Shootings zeigt hingegen eine entgegengesetzte Tendenz. Es existieren zwar keine offiziellen Statistiken über diese Tötungsform, doch werden School Shootings international stets von einer erheblichen Medienberichterstattung begleitet (ROBERTZ/WICKENHÄUSER 2007: 13). Aus diesem Rohmaterial wurden Kerndaten anhand von Zeitungs- und Onlinearchiven gesammelt, gegenrecherchiert und anhand der bislang verfügbaren wissenschaftlichen Studien und Veröffentlichungen überprüft. Außerdem wurden Quellen wie Polizeiberichte, Urteile oder Interviews mit jugendlichen Schützen durch Strafverfolgungsbehörden zum Quervergleich genutzt. Dadurch gelang es, ein möglichst umfassendes Gesamtbild der bislang international aufgetretenen Taten zu zeichnen (ebd.).

Nachdem das erste School Shooting am 30. Dezember 1974 in Olean, New York, stattfand, kam es in den ersten zehn Jahren nach dieser Tat zu insgesamt neun School Shootings. Im Zeitraum 1997 bis 2007 fanden hingegen schon 66 Amokläufe an Schulen statt (ebd.).

Ab 1999 verzeichnen diese Taten noch einmal eine besonders starke Zunahme. Hierfür ist sicherlich die Tat an der Columbine High School am 20. April 1999 verantwortlich, die weltweit am meisten Aufsehen erregte und eine Vielzahl von Nachahmungs- und Folgetaten nach sich zog.

Seit 2002 ist die Häufigkeit der durchgeführten Taten leicht rückläufig, was vermutlich darauf zurückzuführen ist, dass es Schul- und Polizeibehörden immer besser gelingt, School Shootings im Vorfeld zu erkennen und abzuwenden (ROBERTZ/WICKENHÄUSER 2007: 13 ff.). Die leichte Rückläufigkeit der School Shootings, die immer noch um ein Vielfaches höher als vor Beginn der 90er Jahre liegt, zeigt sich zwar in den USA, nicht aber in anderen Staaten (ROBERTZ/WICKENHÄUSER 2007: 15).

Außerhalb der USA waren School Shootings, mit Ausnahme von zwei Taten in Kanada im Jahre 1975, zuvor völlig unbekannt, seit 1999 bilden sie mit durchschnittlich drei Taten pro Jahr eine ernstzunehmende Konstante (ROBERTZ/WICKENHÄUSER 2007: 17).

Eine Ursache hierfür könnte darin zu finden sein, dass in den USA mit Hochdruck präventive Bemühungen betrieben werden, während sich anderenorts in den letzten Jahren nur wenig geändert hat. Dies sollte gerade für Deutschland ein wichtiger Hinweis zur Verstärkung präventiver Bemühungen sein, da hier mit insgesamt sechs umgesetzten Taten neben Kanada international die zweitgrößte Häufung von School Shootings vorliegt (ebd.).

Bei den 99 School Shootings, die bis zum 1.1.2007 registriert wurden, wurden insgesamt 130 Menschen getötet und 314 Menschen verletzt. Der Durchschnitt der Opferzahlen pro School Shooting betrug demnach bei 1,3 Toten und 3,2 Verletzten (ROBERTZ/WICKENHÄUSER 2007: 19).

Über die Anzahl der Personen, die indirekt geschädigt wurden, gibt es vermutlich keine Daten, da die Traumafolgen quantitativ nicht systematisch erfasst werden.

2.3 School Shootings in Deutschland

Seit 1999 haben in Deutschland acht School Shootings stattgefunden, über 40 Menschen kamen dabei ums Leben (GUGEL 2010: 650).

- Meissen, 9.11.1999:

  Der 15-jährige Andreas S. stürmt maskiert ins „Franziskaneum", das städtische Gymnasium. In seiner Klasse stürzt er sich auf die Lehrerin Sigrun L. und sticht 22-mal auf sie ein. Die 44-jährige Frau verblutet. Andreas S. gibt als Motiv „Hass" an. Er wird zu siebeneinhalb Jahren Jugendstrafe verurteilt.

- Brannenburg, 16.3.2000:

  Der 16-jährige Schüler Michael F. schießt im Treppenhaus des Schloss Internats im oberbayrischen Brannenburg auf den Schulleiter Reiner G. und fügt sich anschließend selbst schwere Verletzungen zu. Der 57-jährige Pädagoge stirbt später an seinen Kopfverletzungen. Michael F. liegt seit der Tat im Wachkoma.

- Freising, 19.2.2002:

  In Eching bei München erschießt der 22-jährige Adam L. seinen ehemaligen Chef und einen Vorarbeiter. Anschließend fährt er nach Freising und wirft zwei Rohrbomben ins Rektorat der Wirtschaftsschule. Er tötet den Direktor mit drei Schüssen. Auf dem Flur begegnet er einem weiteren Lehrer, dem er durch die Wange schießt. Dann begeht L. Selbstmord.

- Erfurt, 26.4.2002:

  Der 19-jährige Robert S. erschießt 12 Lehrer, zwei Schüler, die Schulsekretärin und einen Polizisten und begeht dann Selbstmord.

- Waiblingen, 18.10.2002:

  Der 16-jährige Marcel K. nimmt zehn Schüler und eine Lehrerin als Geiseln. Er ist mit einer schusssicheren Weste, einer Luftpistole und Bombenattrappen ausgerüstet. Nach intensiven Verhandlungen lässt er die Geiseln frei und ergibt sich.

- Coburg, 2.7.2003:

  Ein 16-jähriger Schüler schießt eine Lehrerin an und tötet sich anschließend selbst. Die Waffe stammt aus dem Waffentresor des Vaters.

- Emsdetten, 20.11.2006:

  Der bewaffnete 18-jährige Sebastian B. stürmt maskiert in seine ehemalige Schule, schießt wahllos um sich und wirft Rauchbomben. Elf Kinder werden durch Schüsse verletzt. Danach erschießt er sich selbst.

- Winnenden, 11.3.2009:

  Der 17-jährige ehemalige Schüler Tim K. dringt in die Albertville Realschule ein, erschießt neun Schülerinnen und Schüler und drei Lehrkräfte. Auf der Flucht erschießt er drei weitere Personen, bevor er Suizid begeht. 15 Personen werden zum Teil schwer verletzt. (GUGEL 2010: 653 f.).

2.4 Gesetzeslage in Deutschland

2.4.1 Tatbestand Amok

2.4.1.1 Strafrecht

Der Begriff „Amok" ist dem deutschen Strafrecht fremd, er hat dort keinen Eingang gefunden. Da die Tatbestandsverwirklichung eines sog. Amoklaufs in der Regel mindestens ein Körperverletzungs- oder gar Tötungsdelikt beinhaltet, ist seine Strafbarkeit auch im Strafgesetzbuch (StGB) im sechzehnten und siebzehnten Abschnitt erfasst. Diese Abschnitte regeln u. a. die Strafbarkeit von Tötungsdelikten wie Mord (§ 211 StGB), Totschlag (§ 212 StGB) oder Körperverletzung mit Todesfolge (§ 227 StGB). Die Unterscheidung dieser Straftatbestände ist oft nur durch über die Analyse des Tathergangs hinausgehende Wertungs- und Zuschreibungsprozesse möglich (ROBERTZ/ WICKENHÄUSER 2007: 9).

Auch die Straftatbestände der Paragraphen 223 StGB (Körperverletzung), 224 StGB (gefährliche Körperverletzung) und 226 StGB (schwere Körperverletzung) können neben einem oder anstatt eines Tötungsdeliktes bei einem School Shooting verwirklicht sein.

Die Höhe des Strafmaßes für eine Tötung oder eine Körperverletzung hängt von der Tatbewertung ab, begründet durch die komplexen Definitionen und Abwägungen von Vorsatz und Motiv (ebd.).

Im deutschen Strafgesetzbuch (StGB) werden die Tatbestände folgenderweise definiert:

§ 211 StGB Mord

(1) Der Mörder wird mit lebenslanger Freiheitsstrafe bestraft

(2) Mörder ist, wer

aus Mordlust, zur Befriedigung des Geschlechtstriebs, aus Habgier oder sonst aus niedrigen Beweggründen,

heimtückisch oder grausam oder mit gemeingefährlichen Mitteln oder um eine andere Straftat zu ermöglichen oder zu verdecken,

einen Menschen tötet.

§ 212 StGB Totschlag

(1) Wer einen Menschen tötet, ohne Mörder zu sein, wird als Totschläger mit Freiheitsstrafe nicht unter fünf Jahren bestraft.

(2) In besonders schweren Fällen ist auf lebenslange Freiheitsstrafe zu erkennen.

§ 223 StGB Körperverletzung

(1) Wer eine andere Person körperlich misshandelt oder an der Gesundheit schädigt, wird mit Freiheitsstrafe bis zu fünf Jahren oder mit Geldstrafe bestraft,

(2) Der Versuch ist strafbar.

§ 224 StGB Gefährliche Körperverletzung

(1) Wer die Körperverletzung

1. durch Beibringung von Gift oder anderen gesundheitsschädlichen Stoffen,

2. mittels einer Waffe oder eines anderen gefährlichen Werkzeugs,

3. mittels eines hinterlistigen Überfalls,

4. mit einem anderen Beteiligten gemeinschaftlich oder

5. mittels einer das leben gefährdenden Behandlung

begeht, wird mit Freiheitsstrafe von sechs Monaten bis zu zehn Jahren, in minder schweren Fällen mit Freiheitsstrafe von drei Monaten bis zu fünf Jahren bestraft.

(2) Der Versuch ist strafbar.

§ 226 StGB Schwere Körperverletzung

(1) Hat die Körperverletzung zur Folge, dass die verletzte Person

1. das Sehvermögen auf einem Auge oder beiden Augen, das Gehör, das Sprechvermögen oder die Fortpflanzungsfähigkeit verliert,

2. ein wichtiges Glied des Körpers verliert oder dauernd nicht mehr gebrauchen kann oder

3. in erheblicher Weise dauernd entstellt wird oder in Siechtum, Lähmung oder geistige Krankheit oder Behinderung verfällt,

so ist die Strafe Freiheitsstrafe von einem Jahr bis zu zehn Jahren.

(2) Verursacht der Täter eine der in Absatz 1 bezeichneten Folgen absichtlich oder wissentlich, so ist die Strafe Freiheitsstrafe nicht unter drei Jahren.

(3) In minder schweren Fällen des Absatzes 1 ist auf Freiheitsstrafe von sechs Monaten bis zu fünf Jahren, in minder schweren Fällen des Absatzes 2 auf Freiheitsstrafe von einem Jahr bis zu zehn Jahren zu erkennen.

§ 227 StGB Körperverletzung mit Todesfolge

(1) Verursacht der Täter durch die Körperverletzung (§§ 223 bis 226) den Tod der verletzten Person, so ist die Strafe Freiheitsstrafe nicht unter drei Jahren.

(2) In minder schweren Fällen ist auf Freiheitsstrafe von einem Jahr bis zu zehn Jahren zu erkennen.

2.4.1.2 Jugendstrafrecht

In den meisten Fällen wird der School Shooter aufgrund seines Reifegrades der sittlichen und geistigen Entwicklung nach dem Jugendstrafrecht sanktioniert.

Im deutschen Jugendgerichtsgesetz (JGG) wird dies folgendermaßen definiert:

§ 1 JGG Persönlicher und sachlicher Anwendungsbereich

(1) Dieses Gesetz gilt, wenn ein Jugendlicher oder ein Heranwachsender eine Verfehlung begeht, die nach den allgemeinen Vorschriften mit Strafe bedroht ist.

(2) Jugendlicher ist, wer zur Zeit der Tat vierzehn, aber noch nicht achtzehn, Heranwachsender, wer zur Zeit der Tat achtzehn, aber noch nicht einundzwanzig Jahre alt ist.

§ 3 JGG Verantwortlichkeit

(1) Ein Jugendlicher ist strafrechtlich verantwortlich, wenn er zur Zeit der Tat nach seiner sittlichen und geistigen Entwicklung reif genug ist, das Unrecht der Tat einzusehen und nach dieser Einsicht zu handeln. Zur Erziehung eines Jugendli-

chen, der mangels Reife strafrechtlich nicht verantwortlich ist, kann der Richter dieselben Maßnahmen anordnen wie der Familien- oder Vormundschaftsrichter.

§ 17 JGG Form und Voraussetzungen

(1) Die Jugendstrafe ist Freiheitsentzug in einer für ihren Vollzug vorgesehenen Einrichtung.

(2) Der Richter verhängt Jugendstrafe, wenn wegen der schädlichen Neigungen des Jugendlichen, die in der Tat hervorgetreten sind, Erziehungsmaßregeln oder Zuchtmittel zur Erziehung nicht ausreichen oder wenn wegen der Schwere der Schuld Strafe erforderlich ist.

2.4.2 Waffenrecht

Deutschland hat im europäischen Vergleich eines der strengsten Waffengesetze. In den vergangenen Jahren brachte die Bundesregierung zahlreiche Gesetze zur Verschärfung des Waffenrechts auf den Weg. So sind der Besitz und das Führen von Waffen grundsätzlich nicht erlaubt, sondern bedürfen einer Sondererlaubnis im Einzelfall.

An die Erlaubnis zum Besitz und zum Führen von Waffen knüpft das Waffengesetz hohe Anforderungen. Eine einmal beantragte Erlaubnis wird fortlaufend überprüft, näheres regelt das Waffengesetz (WaffG).

2.4.2.1 Führen von Waffen

Der Begriff „Führen" bezieht sich auf das zugriffsbereite Bereithalten einer Waffe. Dieses wird nur in Ausnahmefällen gestattet. Gemäß § 10 Abs. 4 WaffG wird die Erlaubnis zum Führen einer Waffe durch einen sog. Waffenschein erteilt. Auch ist bei einem ausgestellten Waffenschein trotzdem das Führen einer Waffe nicht an allen Orten zulässig (BUNDESRECHT 2002a).

Der § 42 WaffG verbietet zum Beispiel das Führen von Waffen jeder Art bei öffentlichen Veranstaltungen, es können aber in begründeten Fällen Ausnahmen erteilt werden (BUNDESRECHT 2002b).

Des Weiteren besteht ein Verbot des Führens von Anscheinswaffen und anderen tragbaren Gegenständen (BUNDESRECHT 2002c).

2.4.2.2 Verschärfung des Waffenrechts

Seit dem 01.04.03 ist das „Gesetz zur Neuregelung des Waffenrechts" in Kraft. In dieser Gesetzesnovelle sind Verschärfungen aufgenommen worden, bedingt durch das School Shooting am 26.04.2002 in Erfurt (BUNDESREGIERUNG 2009a).

Die Änderungen sind mitunter im Einzelnen:

- Anhebung der Altersgrenze

  Für Sportschützen wurde grundsätzlich das Alter von 18 auf 21 Jahre angehoben. Für Kleinkaliber-Sportwaffen und für Einzellader-Flinten bis zu einem bestimmten Kaliber blieb es bei der Altersgrenze von 18 Jahren, sofern diese durch genehmigte Schießsportordnungen zugelassen werden. Diese Ausnahme deckt diejenigen Waffen ab, die insbesondere für olympische Disziplinen zugelassen sind. Für Jäger wurde die Altersgrenze von 16 auf 18 Jahre angehoben. Das ist das Alter, ab dem Jugendliche eine Jägerprüfung durchführen und einen Jugendjagdschein erwerben können.

- Medizinisch-psychologische Untersuchung

  Nach der Waffengesetz-Novelle 2002 müssen Personen, die noch nicht 25 Jahre alt sind, vor dem Erwerb der ersten erlaubnispflichtigen Schusswaffe grundsätzlich ein amts- oder fachärztliches oder fachpsychologisches Zeugnis über ihre geistige Eignung im Sinne hinreichender Reife zum Waffenbesitz vorlegen. Ausgenommen hiervon sind Jäger. Sie haben durch ihre Ausbildung und die schwierige Jagdprüfung ihre Eignung und den Willen zu einem ernsthaften und ordnungsgemäßen Umgang mit Waffen bewiesen. Eine weitere Ausnahme besteht für die Kategorie von Schusswaffen, die Sportschützen bereits mit 18 Jahren erwerben dürfen. Das sind insbesondere in den olympischen Disziplinen zugelassene Kleinkaliberwaffen und Sportflinten. Unabhängig von der Altersgrenze haben die Waffenbehörden die Pflicht, ein medizinisch-psychologisches Gutachten zu verlangen, wenn Tatsachen Bedenken an der persönlichen Eignung begründen.

- Mindestaltersgrenze für Kinder

  Das Mindestalter, um schießen zu dürfen, beträgt 12 Jahre. Im Einzelfall kann zur Förderung des Leistungssports eine Ausnahme von der Mindestaltersgrenze bewilligt werden.

- Betreuung minderjähriger Schützen

Für Kinder- und Jugendliche ist eine qualifizierte Schießaufsicht vorgeschrieben. Für die Altersgruppe der Kinder von 12 bis 14 Jahren, diese dürfen grundsätzlich nur mit Druckluft- und Federdruckwaffen schießen, sowie für die Altersgruppe der Jugendlichen von 14 bis 16 Jahren, wenn diese mit ˝scharfen˝ Schusswaffen schießen.

• Auskunft aus dem Erziehungsregister
Um die persönliche Eignung zu prüfen, können Auskünfte aus dem Erziehungsregister eingeholt werden. Dieses Register enthält Aussagen über Fehlverhalten von Jugendlichen. Und zwar jenes Verhalten, das strafrechtlich zwar belangt wird, aber unter der Schwelle einer Jugendstrafe liegt. (BUNDESREGIERUNG 2009b).

Es erfolgte eine erneute Änderung des Waffenrechts am 01.05.2008, so wurde damit das Führen von Anscheinswaffen (also Feuerwaffenimitaten) und bestimmten Messern in der Öffentlichkeit verboten (BMI 2008).

Als Reaktion auf das School Shooting in Winnenden am 11.03.2009, bei dem 15 Menschen und der Täter selbst starben, erfolgte dann am 27.05.2009 eine erneute Novellierung (BMI 2009). Die geänderten Vorschriften sind im Einzelnen:

• In § 4 Abs. 4 WaffG wird in Abänderung der einmaligen Regelüberprüfung nach drei Jahren der Behörde das Ermessen eingeräumt, das Fortbestehen des Bedürfnisses auch fortlaufend prüfen zu können (§ 4 Abs. 4 Satz 3 WaffG neu). Bislang werden lediglich Zuverlässigkeit und persönliche Eignung mindestens alle drei Jahre geprüft. Dieser Wertungswiderspruch wird durch die Änderung aufgelöst.

• Die Vorschrift des § 8 Abs. 2 WaffG hob die organisierten Sportschützen und die Inhaber gültiger Jagdscheine als Regelbeispiele eines besonders anzuerkennenden persönlichen Interesses im Sinne des Absatzes 1 Nr. 1 hervor. Allerdings konnte hieraus nicht generell ein Bedürfnis dieser Personengruppen zum Waffenerwerb abgeleitet werden, da § 13 für Jäger und § 14 für Sportschützen als Spezialregelungen vorgehen.

• Nach geltender Rechtslage muss der Sportschütze sein waffenrechtliches Bedürfnis zum Erwerb und Besitz der erlaubnispflichtigen Schusswaffe glaubhaft machen, § 8 Abs. 1 WaffG. Die näheren Einzelheiten regelt die Vorschrift über Sportschützen in § 14 WaffG. Nach § 14 Abs. 2 WaffG muss sich der Sportschütze vor Erwerb der ersten Waffe von seinem Schützenverband (nicht vom eigenen Verein) bescheinigen lassen, dass er mindestens 12 Monate im Verein mit scharfen Waffen trainiert hat und die Waffe für eine bestimmte anerkannte Schießsportdisziplin braucht. § 14 Abs. 3 Satz 1 WaffG billigt Sportschützen als Grundausstattung zur Ausübung des Schießsports drei halbautomatische Langwaffen und zwei mehrschüssige Kurzwaffen zu. Will der Schütze dieses Kontingent überschreiten, muss er dies gegenüber seinem Verband begründen und das gesteigerte schießsportliche Bedürfnis darlegen.

- Um die Anzahl der Waffen von Sportschützen ohne Änderung des o. g. Grundkontingents stärker vom Bedürfnis abhängig zu machen, wurden die Anforderungen für die Befürwortung eines waffenrechtlichen Bedürfnisses erweitert. So wurde § 14 Abs. 3 WaffG um eine Formulierung ergänzt, die eine Überschreitung des Grundkontingents nur zulässt, wenn der Schütze seine regelmäßige Wettkampfteilnahme (zumindest auf der untersten Bezirksebene, die auch für einfache Sportschützen zugänglich ist, um sich sportlich mit anderen zu messen) nachweist.

- Durch die Änderung des § 27 Absatz 3 Satz 1 Nummer 2 WaffG sollte nunmehr Jugendlichen, die das 18. Lebensjahr noch nicht vollendet haben, das Schießen mit so genannten großkalibrigen Waffen nicht mehr ermöglicht werden. Damit soll erreicht werden, dass dieser Altersgruppe der Umgang mit diesen deliktsrelevanten Waffen verwehrt bleibt. Das Schießen für Minderjährige bleibt grundsätzlich auf Kleinkaliberwaffen beschränkt. Die Ausnahme für Flinten – und hier nur Einzellader-Langwaffen – trägt der Besonderheit der Disziplinen des Schießens auf Wurfscheiben (Trap / Skeet) Rechnung.

- Nach der geltenden Rechtslage in § 36 Absatz 3 WaffG hat derjenige, der Schusswaffen, Munition oder sog. "verbotene Waffen" mit behördlicher Genehmigung besitzt, der zuständigen Behörde die zur sicheren Aufbewahrung getroffenen Maßnahmen auf Verlangen nachzuweisen.

- Bestehen begründete Zweifel an einer sicheren Aufbewahrung, kann die Behörde vom Besitzer verlangen, dass dieser ihr zur Überprüfung der sicheren Aufbewahrung Zutritt zum Ort der Aufbewahrung gewährt.

- Wohnräume dürfen gegen den Willen des Inhabers nur zur Verhütung dringender Gefahren für die öffentliche Sicherheit betreten werden; das Grundrecht der

Unverletzlichkeit der Wohnung (Artikel 13 des Grundgesetzes) wird insoweit eingeschränkt.

- Nach geltender Rechtslage ist ein Verstoß gegen die Aufbewahrungsvorschriften bußgeldbewehrt. Mit der Einführung des neuen § 52 a WaffG und der damit einhergehenden Strafbewehrung wird zum Ausdruck gebracht, dass die vorsätzliche Verletzung der Aufbewahrungsvorschriften mit der dadurch hinzutretenden konkreten Gefahr des Abhandenkommens bzw. des Zugriffs Dritter kein Kavaliersdelikt darstellt (BMI 2009).

2.4.2.3 Initiativen

Unter dem Eindruck der schrecklichen Amokläufe mit einer Vielzahl von Toten und Verletzten haben sich viele Mitbürger sog. Bürgerinitiativen gebildet, die eine massive Einschränkung des geltenden Waffenrechts bis hin zum totalen Waffenführungsverbot fordern. Beispielhaft soll auf zwei dieser Initiativen hingewiesen werden.

Das „Aktionsbündnis Amoklauf Winnenden Stiftung gegen Gewalt an Schulen" fordert eine Einschränkung des Zugangs junger Menschen zu Waffen (GUGEL 2010: 671). Die aktuelle gesetzliche Regelung ermöglicht die Ausbildung an einer großkalibrigen Pistole bereits ab dem 14. Lebensjahr. Da ein junger Mensch gerade in dieser Zeit durch die Pubertät mit sich selbst so beschäftigt ist und häufig im Unreinen ist, so ist die Heraufsetzung der Altersgrenze auf 21 Jahre unerlässlich (ebd.). Im Schießsport sollte laut dem Aktionsbündnis gänzlich auf großkalibrige Waffen verzichtet werden, zumindest aber muss die Schusskapazität verringert werden. Auch wird vom Gesetzgeber verlangt, Verstöße gegen das geltende Waffenrecht deutlicher und stärker zu ahnden (ebd.).

Die Initiative „Keine Mordwaffen als Sportwaffen" fordert: „Wir brauchen kein halbherzig geändertes Waffengesetz. Wir wollen ein Verbot von Mordwaffen als Sportwaffen - sofort. Solche Waffen dürfen nicht länger verkauft und benutzt werden. Erst dann können Schulen sichere Orte sein", und genauer: „Als Mordwaffen sind hier gemeint: Schusswaffen, die für das Töten oder Verletzen von Menschen hergestellt werden, egal welchen Kalibers, sowie sonstige Schießsportwaffen, mit denen man leicht und schnell viele Menschen töten kann" (SPORTMORDWAFFEN 2010).

2.4.3 Jugendschutzrecht

Der Jugendschutz im Bereich der Medien von Film, Video und Fernsehen wird zunächst von der Freiwilligen Selbstkontrolle der Filmwirtschaft (FSK) gewährleistet (ROBERTZ/WICKENHÄUSER 2007: 65). Bevor ein Film Kindern und Jugendlichen zugänglich gemacht werden darf, muss ihm durch die FSK im Auftrag der Obersten Landesjugendbehörden (OLJB) eine Altersfreigabe erteilt werden. Ein Film kann daraufhin von Firmen gekürzt oder erneut zur Prüfung vorgelegt werden, um eine bestimmte Altersfreigabe zu erzielen.

Ihr zur Seite steht die Bundesprüfstelle für jugendgefährdende Medien (BPjM), bei der es sich um eine selbstständige Bundesbehörde handelt, die dem Bundesministerium für Familie, Senioren, Frauen und Jugend nachgeordnet ist (ROBERTZ/WICKENHÄUSER 2007: 66). Sie unterscheidet auf Antrag oder Anregung anderer Behörden über die Jugendgefährdung einzelner Medien. Eine Gefährdung ist dann gegeben, wenn die Entwicklung von Kindern oder Jugendlichen oder ihre Erziehung zu einer eigenverantwortlichen und gemeinschaftsfähigen Persönlichkeit bedroht wird. Hierzu zählen beispielsweise unsittliche, verrohend wirkende sowie zu Gewalttätigkeit, Verbrechen oder Rassenhass anstachelnde Medien. Wenn diese Jugendgefährdung festgestellt wird, dann wird das entsprechende Medium in eine Liste eingetragen und unterliegt von diesem Zeitpunkt an bestimmten Vertriebs-, Verbreitungs- und Werbebeschränkungen und darf nur noch Erwachsenen zugänglich gemacht werden (ebd.).

Seit dem 1.4.2003 existiert auch für Computer- und Videospiele eine rechtlich verbindliche Kennzeichnung der Altersfreigabe, die von der Unterhaltungssoftware Selbstkontrolle (USK) gemeinsam mit den Obersten Landesjugendbehörden (OLJB) vergeben wird (ROBERTZ/WICKENHÄUSER 2007: 66).

Gemäß § 14 des Jugendschutzgesetzes sind die gestaffelten Altersfreigaben für die Händler bindend. Auch die BPjM (Bundesprüfstelle für jugendgefährdende Medien) kann neben der Bewertung der USK in Bezug auf Spiele mit strafrechtlich relevanten Inhalten ein Verbot aussprechen (ebd.).

Das Verbot exzessiver Gewaltdarstellungen ist im § 131 StGB folgendermaßen definiert:

§ 131 StGB Gewaltdarstellung

(1) Wer Schriften (…) die grausam oder sonst unmenschliche Gewalttätigkeiten gegen Menschen oder menschenähnliche Wesen in einer Art schildern, die eine Verherrlichung oder Verharmlosung solcher Gewalttätigkeiten ausdrückt oder die das Grausame oder Unmenschliche des Vorgangs in einer die Menschenwürde verletzenden Weise darstellt,

1. verbreitet,

2. öffentlich ausstellt, anschlägt, vorführt oder sonst zugänglich macht,

3. einer Person unter achtzehn Jahren anbietet, überlässt oder zugänglich macht oder

4. herstellt, bezieht, liefert, vorrätig hält, anbietet, ankündigt, anpreist, einzuführen oder auszuführen unternimmt, um sie oder aus ihnen gewonnene Stücke im Sinne der Nummern 1 bis 3 zu verwenden oder einem anderen eine solche Verwendung zu ermöglichen,

wird mit Freiheitsstrafe bis zu einem Jahr oder mit Geldstrafe bestraft.

(2) Ebenso wird bestraft, wer eine Darbietung des in Absatz 1 bezeichneten Inhalts durch Rundfunk, Medien- oder Teledienste verbreitet.

(3) Die Absätze 1 und 2 gelten nicht, wenn die Handlung der Berichterstattung über Vorgänge des Zeitgeschehens oder der Geschichte dient.

(4) Absatz 1 Nr. 3 ist nicht anzuwenden, wenn der zur Sorge für die Person Berechtigte handelt; dies gilt nicht, wenn der Sorgeberechtigte durch das Anbieten, Überlassen oder Zugänglichmachen seine Erziehungspflicht gröblich verletzt.

2.5 Studien

2.5.1 Deutsche Studien

Da es noch keine deutschen Studien gibt welche sich speziell mit School Shootings befassen, wird hier ergänzend auf die nächsthöhere Abstraktionsebene zurückgegriffen, indem die Ergebnisse zu Studien über jugendliche Tötungsdelinquenten zusammengestellt werden.

Die Tabelle beinhaltet deutsche Untersuchungen an einem Kollektiv Jugendlicher, die versuchte oder vollendete Tötungsdelikte begangen haben, bzw. in Einzelfällen zumindest in Tötungsabsicht handelten (ROBERTZ 2004: 103)

Forscher	Anzahl Geschl.	Tatzeit-alter	Tatzeitraum Gutachtenz.	Räumliche Einordnung	Art der Studie
Baer 1903	22 m	14 bis 18	1876 bis 1900	Strafanstalt Berlin-Plötzensee	PMU
Wilmanns 1940	18 m	16 bis 26	ca. 1908-1930	n.n.	PMU
Szewczyk	26	14 bis	n.n.	Forens. Psych.	PMU

1974	(n.n.)	17		Berlin-Ost (Charité)	
Weinert 1976	59 m 3 w	11 bis 19	1954 bis 1973	Soz. und jurist. Institutionen in Berlin-West	A (Anklageschriften) und teilw. PMU
Stutte/Walter 1976 und Walter 1979	32 m 2 w	6 bis 22	1950 bis 1973	Kinder- und Jugendpsych. Marburg	PMU (Nachuntersuchung)
Lempp 1977	72 m 8 w	14 bis 21	1954 bis 1975	Kinder- und Jugendpsych. Tübingen	PMU
Lamparter 1978, Kahlert 1978 und Kahlert/Lamparter 1979	41 m 3 w	14 bis 21	1961 bis 1971	Oberlandesgericht Stuttgart	A (rechtskräftige Urteile)
Weider 1984	250 m 25 w	14 bis 21	1959 bis 1979	In Nordrhein-Westfalen verübte Taten	A (203 Urteile und 285 psychologische Gutachten)
Walter/Remschmidt 1984	52 m 6 w	6 bis 22	1950 bis 1973	Kinder- und Jugendpsych. Marburg	A (Gutachten und teilw. PMU (Nachuntersuchung)
Strehlow et al. 1988	32 m 5 w	14 bis 21 (2 ältere)	1966 bis 1986	Kinder- und Jugendpsychiatrie Heidelberg	A (retrospektive Gutachtenanalyse)
Zeltwanger 1989	38 m 2 w	14 bis 21	1972 bis 1982	Landesgerichtsbezirk Stuttgart	A (Strafakten)
Schütze/ Hinrichs 1991	43 m 7 w	14 bis 21 (3 älte-	n.n.	u.a. Tübingen/Kiel	PMU

		re)			
Littmann et al. 1993	62 m 1 w	14 bis 17	1965 bis 1988	Forens. Psychiatrie Berlin-Ost (Charité)	A (retrospektive Gutachtenanalyse)
Geraedts 1998	50 m 8 w	14 bis 22	1981 bis 1990	Kinder- und Jugendpsychiatrie Kiel	A (retrospektive Gutachtenanalyse)
Remschmidt et al. 2002	64 m 1 w	14 bis 21	1988 bis 2001	Kinder- und Jugendpsychiatrie Marburg	PMU

Legende:
m = männliche Probanden; w = weibliche Probanden
n.n. = nicht ausgewiesen
PMU = (jugend) psychiatrisch-medizinische Untersuchung
A = Aktenanalyse

Tabelle 1: Übersicht deutscher Studien zu jugendlichen Tötungsdelinquenten (Quelle: Robertz 2004: 104 f.).

2.5.1.1 Ergebnisse der deutschen Studien

Die deutschen Studien zu jugendlichen Tötungsdelinquenten kommen weitgehend zu analogen und einander ergänzenden Ergebnissen.

Die untersuchten Probanden weisen insgesamt einen relativ hohen Grad psychosozialer Verletzungen und biografischer Belastungen auf. So formuliert Zeltwanger zusammenfassend: „Oft lässt das soziale Umfeld des Täters und seine Biografie, die oft einer Leidensgeschichte gleicht, die Tat verständlicher erscheinen" (ROBERTZ 2004: 105). Diese negativen Lebenserfahrungen lassen sich jedoch nicht spezifisch fassen und unterscheiden sich bezüglich der Probanden. Einige Beispiele sind zerrüttete Elternhäuser und fehlende Nestwärme, erzieherische Fehlhaltungen und Mangelsituationen, Alkoholismus der Eltern und Zusammenbruch der Inzestschranken und straffällige bzw. gewalttätige Vorbilder in der Herkunftsfamilie (ebd.).

Jene hoch belasteten Vorgeschichten sind aber offenbar kein alleiniges Merkmal jugendlicher Mörder, dies gilt ebenso für weitere, vereinzelt untersuchte und diskutierte Faktoren wie abnorme Verstandesanlagen, Entwicklungsstörungen und diagnostizierbare psychische Erkrankungen.

Jugendliche Tötungsdelinquenten unterscheiden sich nicht grundsätzlich vom allgemein sozial etwas labilen Jugendlichen, wie er im Bereich der leichten Jugendkriminalität regelmäßig zu finden ist (LEMPP 1977: 210). Zwar werden einschränkend die zufallsbestimmten Selektionsprozesse der Untersuchung und der Mangel an geeigneten Kontrollgruppen hervorgehoben, doch ist es zumindest bislang nicht gelungen, ein für jugendliche Tötungsdelinquenten spezifisches Merkmal auszumachen (ROBERTZ 2004: 106).

Sehr bedeutend ist die Erkenntnis Zeltwangers, dass den Tätern oft nicht klar ist, warum sie Tötungshandlungen begangen haben (ZELTWANGER 1989: 261). Häufig scheint das Tatmotiv in solchen Fällen von außen durch Vernehmungsbeamte, Gerichte, Staatsanwälte oder Verteidiger zugeschrieben zu werden. Attributionen, die sich in solch schwierigen Situationen schnell verfestigen können (GERAEDTS 1998: 63).

Szewczyk ist der Ansicht, dass die von den jugendlichen Tätern geäußerten Motive durchweg ´Scheinmotive´ sind und die Täter nachträglich versuchen, sich selbst Rechenschaft abzulegen und ein Motiv zu konstruieren. Er formuliert: „Hinsichtlich des Motivhintergrunds zeigte es sich, dass die Gedankengänge weitgehend diffus waren und einen Übergang zeigten zwischen einem vorwiegenden Phantasiedenken, und einem Wunschdenken und einem Realitätsdenken" (SZEWCZYK 1974: 391) (ROBERTZ 2004: 107).

Eine „Störung des Realitätsbezugs" bemerken Schütze und Hinrichs auch bereits für das Vorfeld einiger Tötungshandlungen durch Jugendliche (SCHÜTZE/HINRICHS 1991: 305). Während Wilmanns diesbezüglich noch von einer Vorform der Schizophrenie ausgeht (WILMANNS 1940: 589 ff.), erreichen derartige Auffälligkeiten nach heutigen Standards nicht den klinischen Schweregrad und die Dauer einer Psychose. Sie sind vielmehr als eine „prinzipiell vorübergehende Störung" anzusehen, die entweder als „Teil einer schweren aber kurz dauernden Reifungsneurose" oder als „kurzdauernde krankhafte seelische Störung im Sinne einer Minipsychose" verstanden werden kann (SCHRÖDER/LEMPP 1988: 110) (ROBERTZ 2004: 107).

Ebenso kommen in den Taten weitere jugendtypische Merkmale und Problematiken zum Ausdruck. So schreiben Stutte und Walter dass an den Tötungen zum einen „oft reifungsphasische und entwicklungspsychologische Faktoren beteiligt waren (somatopsychische Entwicklungsrückstände, Reifungsdissoziationen, Pubertätskrisen), dass sie zum anderen aber auch durch konfliktgespannte Ausnahmesituationen evoziert wurden, deren adäquate Lösung für den jugendlichen Täter (...) eine Unmöglichkeit bedeutete" (STUTTE/WALTER 1976: 319).

Das Aufeinandertreffen von noch fehlenden Bewältigungsmechanismen und von für den jeweiligen Jugendlichen höchst problematischen Situationen lässt manche Forscher auch von zwischenmenschlichen Unfällen oder schicksalhaften Verkettungen zufällig auftretender Ereignisse sprechen. Untermauert wird diese These von einem offenbar recht geringen Grad der Planung, der den Taten vorausgeht (ROBERTZ 2004: 107).

In fast 75% der von Lempp untersuchten Fälle war keine Tötungshandlung, sondern lediglich eine Unrechtshandlung anderer Art (sexueller Übergriff, Eigentumsdelikt o. ä.) geplant, aus der sich ein Tötungsdelikt entwickelte (LEMPP 1977: 211).

Es ist also festzustellen, dass zum Auftreten einer Tötung Jugendliche mit spezifischen Dispositionen in spezifische Situationen geraten müssen, in denen Aspekte des Täters, etwa die Tatzeitverfassung, und der Situation, etwa das Opferverhalten und das Vorliegen von Waffen, eine subjektive für den Jugendlichen kaum kontrollierbare Dynamik entwickelt (ROBERTZ 2004: 108).

Diese Tatdynamik ist vor allem von Lempp genauer ausgearbeitet (vgl. LEMPP 1977: 172 ff.) und durch spätere Untersuchungen von Littmann und Strehlow aufgegriffen sowie bestätigt worden (vgl. LITTMANN 1993: 22 und STREHLOW 1988: 85). Die beiden Kernaspekte ´Handlungskette` und ´Flucht nach Vorne´ müssen dabei nicht notwendigerweise beide im Verlauf eines Tötungsdeliktes durch einen jugendlichen Täter auftreten, stellen jedoch häufig beobachtete Tatdynamiken dar (ROBERTZ 2004: 108). Unter einer ´Handlungskette´ versteht Lempp die Aneinanderreihung von Handlungen, deren einzelne Teile sich jeweils erst in der aktuellen Situation durch die Auswirkungen der vorausgegangenen Handlungen ergeben. Hat sich ein Jugendlicher somit in eine Situation gebracht, die ihn überfordert und für die er keine Handlungsoption sieht, z.B. ein unerwartet verlaufener Überfall oder ein ausgelebter sexueller Impuls, dann kann es zu einer ´Flucht nach Vorne´ kommen. Infolge von Wut oder Panik versucht der Jugendliche in einem solchen Fall, Beweise seines Verhaltens zu vernichten und Zeugen permanent zum Schweigen zu bringen (vgl. KAHLERT/LAMPARTER 1979: 213 und STREHLOW 1988: 85). Dies geschieht jedoch nicht primär, um die Strafverfolgungsbehörden zu täuschen, sondern um die Tat vor dem eigenen Gewissen ungeschehen zu machen. Der kindliche Impuls „wenn niemand davon weiß, gibt es diese Tat gar nicht" (LEMPP 1977: 88) wird emotional aufgewühlt umgesetzt (ROBERTZ 2004: 108).

Nicht selten wird die Gewaltanwendung bei dieser Art Flucht auch explosiv überschießend bis lange nach dem Tod eines Opfers fortgesetzt. Die plötzlich wahrgenommenen Handlungsfolgen, z.b. Blut, Zuckungen oder auch Schreie des Opfers, führen dann zu einer panisch-impulsiven Kurzschlussreaktion (ROBERTZ 2004: 109).

2.5.2 Internationale Studien

Sämtliche bislang durchgeführten Studien zu School Shootings beziehen sich ausschließlich auf die USA. Es sollen nun einige Studien näher dargestellt werden.

Forscher/ Behörde	Material	Art der Studie	Ergebnis
O'Toole 1999 (Critical Incident Response Group des FBI)	18 (nicht ausgewiesene) versuchte und vollendete Fälle und Stellungnahme von 160 Fachleuten	Betrachtung der Fälle hinsichtlich Ort, Handlung, Täter sowie möglichen Einflussfaktoren	`Modell`, mit dem der Realitätsgehalt von Drohungen eingeschätzt werden soll
McGee/ DeBernardo 2001	16 Mehrfachtötungen an Schulen im Zeitraum 1993 bis 2001	Auswertung von Medien- und Polizeiberichten	Erstellung eines `Profils` des typischen School Shooters
Meloy et al. 2001	34 jugendliche Massenmörder aus dem Tatzeitraum 1958 bis 1999 (darunter 8 School Shooter)	Auswertung von Akten, Medienberichten, Studien und Zeugenaussagen	Darstellung von Merkmalen der Gesamtgruppe und von Untergruppen
Stephens 2002 (National School Safety Center)	Alle gewaltsamen Todesfälle an Schulen in den USA im Zeitraum der Schuljahre 1992/93 bis 2001/02	Recherche von Zeitungsartikeln und einfache statistische Auswertung	Darstellung und einfacher statistischer Überblick

Vossekül et al. 2002 (US Secret Service und Department of Education)	37 (nicht konkret ausgewiesene) School Shootings, die zwischen Dezember 1974 und Mai 2000 stattfanden	Analyse verschiedener Akten und Interviews mit 10 inhaftierten Jugendlichen	Beobachtungen zum vordeliktischen Handeln und daraus abgeleitet `präventive` Anregungen für Schulen
Moore et al. 2003 (National Research Council der US National Academies)	6 Fälle, bei denen mehr als seine Person getötet oder schwer verletzt worden ist inklusive Aktenmaterial	Auswertung von narrativen Berichten, Akten und Konsequenzen für das Lebensumfeld	Umfassende Darstellungen der Einzelfälle und Versuch, Gemeinsamkeiten zu finden

Tabelle 2: Übersicht der Studien zu School Shootings (Quelle: Robertz 2004: 89 f.)

2.5.2.1 Studie der Critical Incident Response Group des FBI

Im Mai 1998 begann die Critical Incident Response Group, kurz CIRG, des FBI, das Federal Bureau of Investigation, mit der Arbeit an einer ersten Studie zum Phänomen der School Shootings. Diese Evaluation wurde nach dem bislang gravierendsten Vorfall an der Columbine High School im April 1999 durch eilig einberufene Fachtagungen ergänzt und bald darauf veröffentlicht (ROBERTZ 2004: 90).

Erklärtes Ziel war es, präventiv wirksam werden zu können. Aus Sicht des FBI bedeutete dies, die Vorzeichen eines gewalttätigen Vorfalls an Schulen zu identifizieren, um rechtzeitig einen Interventionsprozess initiieren zu können (ebd.).

Betrachtet wurden zu diesem Zweck 18 versuchte und vollendete School Shootings im Hinblick auf Ort, Handlung, Täter sowie mögliche Einflussfaktoren. Diese Fälle wurden in der Publikation der Ergebnisse nicht spezifisch ausgewiesen. Das zusätzliche einberufene Symposium sorgte weiterhin dafür, dass 160 Fachleute sich hierzu äußerten, unter ihnen befanden sich auch Mitarbeiter der 18 betroffenen Schulen (a. a. O.: 91).

Herzstück der Studie ist ein von der verantwortlichen Verfasserin Mary Ellen O'Toole verfasstes Modell, mit dem der Realitätsgehalt von Drohungen eingeschätzt werden soll. Hierbei geht die Autorin von drei verschiedenen Bedrohungspotentialen aus und nimmt an, dass eine Androhung umso ernster genommen werden muss, je spezifischer und realistischer sie formuliert werden. Auch verstärkende Hinweise, wie z.b. „Ich meine das ernst!", und konkret erkennbare Tatvorbereitungen, z.b. die Beschaffung von Munition, werden als Indikatoren für ernstzunehmende Drohungen gewertet (ebd.). Demnach wäre beispielsweise die fiktive Drohung „Glaub mir, ich werde um 10 Uhr am Freitag den Rektor und seine Sekretärin in deren Büros mit meinem Jagdgewehr erschießen" zunächst viel ernster zu nehmen, als die Drohung „Irgendwie müsste man es der Schulleitung mal heimzahlen". Mit der Intensität der Drohung steigt dementsprechend auch die Intensität der vom FBI empfohlenen Interventionen. Diese reichen von einem Gespräch mit dem Schüler und/oder mit seinen Eltern bis hin zur sofortigen Festnahme und Anklage des Jugendlichen (ebd.).

Um den Realitätsgehalt einer Drohung noch besser einschätzen zu können, werden zudem vier Betrachtungsebenen verwendet, auf denen der entsprechende Jugendliche und sein Umfeld analysiert werden sollen. Dies sind die Persönlichkeit des Jugendlichen und seine Rolle innerhalb von Familien- bzw. Schulddynamiken, sowie bei generellen sozialen Dynamiken.

Das FBI gibt allerdings auch an, dass die meisten Drohungen anonym oder unter einem falschen Namen verfasst werden, sodass die Einschätzung der Situation oft allein auf der Grundlage der Drohung selbst erfolgen muss (ebd.).

2.5.2.2 Studie von McGee und DeBernardo

Die Studie von McGee und DeBernado liegt hier in einer aktualisierten Fassung vor, die zusätzlich vier weitere Fälle enthält (ROBERTZ 2004: 92). Ziel dieser Studie war, ein Profil eines School Shooters zu erstellen. Hierzu wurden Daten von 16 Fällen, die von 18 Jugendlichen begangen worden sind, ausgewertet.

Es wurden Materialsammlungen verwendet, die aus jeweils verschiedenen Medienberichten und den offiziellen Polizeiberichten bestand (ebd.). Die Daten wurden in einer Tabelle aufgelistet, in narrativer Form beschrieben und ausgewertet, um anschließend ein entsprechendes ´Profil´ zu erstellen. Die Verfasser warnten aber vor Generalisierungen und wiesen darauf hin, dass unter Umständen auch Jugendliche, auf die dieses Profil passt, ungefährlich sein können und Jugendliche, auf die dieses Profil nicht passt, derartige Taten begehen können (ebd.).

McGee und DeBernado unterscheiden ´traditionelle´ Schießereien an Schulen, die im Zusammenhang mit sogenannten „gangs" stehen, vom Phänomen des „classroom avengers", identisch mit dem Begriff des School Shooters.

Der typische Täter ist nach Erkenntnissen der Verfasser ein physisch gesunder und unauffälliger, aber psychisch depressiv-suizidaler Jugendlicher. Er stammt aus einer ländlichen oder suburbanen Umgebung und hat ein Durchschnittsalter von 16 Jahren. Seine familiären und freundschaftlichen Beziehungen erscheinen auf den ersten Blick normal, erweisen sich jedoch bei genauerer Betrachtung oftmals als disfunktional und schädigend. Seine Schulleistungen sind normal bis überdurchschnittlich, er gilt jedoch als introvertiert und hat selten enge Freunde. Ist dies dennoch der Fall, dann sind diese selbst soziale Außenseiter die oft eine nihilistische Weltanschauung teilen (a. a. O.: 93). Er begeht seine Taten vor allem aus Rache, oder um den Status einer Berühmtheit zu erlangen und spielt diese Themen schon lange vor der Tat immer wieder in seinen Gedanken durch. Bei späteren Vorfällen spielen diesbezüglich auch medienbasierte Nachahmungseffekte, sogenannte „copycat" bzw. „contagion", eine wichtige Rolle (ebd.). Die Tat selbst ist schließlich wohldurchdacht, gezielt ausgesucht und gut vorbereitet. Die hierzu benutzten Waffen stammen oftmals aus dem eigenen Elternhaus und außerdem ist der Täter mit dem Umgang dieser Waffen vertraut.

In den letzten 24 Stunden vor seiner Tat ist der Täter darüber hinaus multiplen psychosozialen Stressoren oder tatauslösenden Ereignissen ausgesetzt. Diese können real oder lediglich vorgestellt sein und beinhalten Themen wie z.B. Verlust, Zurückweisung und/oder Demütigungen. In der Regel äußert er seine Tatabsicht gegenüber Dritten.

In keinem der untersuchten Fälle war eine schwerwiegende psychische Erkrankung bekannt und ebenso gab es keinerlei Unterlagen, die auf ein vorheriges gewalttätiges Verhalten oder ein anderes polizeilich bekanntes auffälliges Verhalten des Täters hindeuten würden (ebd.).

2.5.2.3 Studie von Meloy et al.

Die von Meloy und seinen Kollegen verfasste Studie aus dem Jahre 2002, beschäftigt sich nicht ausschließlich mit School Shootern, sondern analysiert eine Gesamtheit jugendlicher Massenmörder. Dabei vergleicht sie jedoch auch Untereinheiten, zu denen eine Gruppe von Jugendlichen gehört, die an Schulen getötet hat (ROBERTZ 2004: 93). Anhand von Vorfällen zwischen 1958 und 1999 sollten demografische, klinische und forensische Merkmale jugendlicher Massenmörder festgestellt werden. Die Fallauswahl wurde anhand einer Suche in offiziellen Datenbanken ermittelt. Nur Fälle über die genügend verlässlich erscheinendes Material gefunden wurde, gelangten in die Studie. Im Rahmen einer Analyse von Gerichtsakten, Publikationen, Medienberichten sowie Aussagen der Täter, Angehörige und Zeugen wurden insgesamt 27 Vorfälle untersucht, die durch 34 jugendliche Täter im Alter von 11 bis 19 Jahre begangen worden waren. Die gesamten Daten wurden nach gemeinsamen Merkmalen durchsucht und teilweise in Untergruppen differenziert (a. a. O.: 94).

In der Betrachtung der Gesamtgruppe jugendlicher Massenmörder erweist es sich vor allem als auffällig, dass 70% der Jugendlichen aufgrund biografischer Daten und Selbstzuschreibungen als Einzelgänger bezeichnet wurden. Damit einher gingen oft Viktimisierung durch Mitschüler, unstabile Familienverhältnisse, gewaltorientierte Phantasievorstellungen und direkt verbundene Konsequenzen, wie etwa die Entfremdung von anderen Menschen und der Versuch einer narzisstischen Kompensierung dieser Erfahrung (ebd.). Ungefähr die Hälfte der Jugendlichen war zudem im auffallenden Maße von den Themen Krieg bzw. Waffen fasziniert, was sich z. B. in dem Besitz von mehreren Waffen, spezifischer Lektüre oder dem Tragen von Tarnkleidung ausdrückte.

Im Bezug auf die Tat selbst wurde festgestellt, dass einige Tage bis hin zu Monaten vor der Tat oftmals Ankündigungen, Gespräche über die Tatabsicht oder auch Drohungen erfolgten. In fast zwei Dritteln der Fälle fanden sie ein tatauslösendes Schlüsselerlebnis, das den späteren Massenmörder mental oder emotional erheblich verstört hatte. Dies beinhaltete z.B. den Verlust einer realen bzw. gewünschten Beziehung zu einem Mädchen, einen Familienstreit, oder einem Schulverweis und fand einige Tage oder Stunden vor der Tat statt (ebd). Die Tat selbst war in der Regel eine geplante und absichtlich durchgeführte instrumentelle Aggression. Dabei zeigten nur zwei von 43 Jugendlichen ein psychotisches Verhalten. Mitunter gab es Anzeichen für depressive Symptome, diese konnten jedoch nicht zweifelsfrei belegt werden. Als anfällig erwies sich jedoch die Untergruppe jugendlicher School Shooter, bei denen von fünf von acht Jugendlichen depressive Symptome zeigten (a. a. O.: 95).

Die Darstellung eines Vergleichs von fünf Untergruppen erfolgt in dieser Studie leider wenig systematisch. Einige Auffälligkeiten stechen aber bei der Gegenüberstellung von School Shootern mit Jugendlichen, die einen Massenmord an ihrer Familie bzw. im Zusammenhang mit einem Verbrechen begangen haben, hervor. Mit 75% im Vergleich zu 33% in der Verbrechensgruppe und 50% in der Familienmordgruppe lag die Tatsache, Opfer einer Unterdrückung an Schulen gewesen zu sein, bei den jugendlichen School

Shootern deutlich höher. Ähnlich hohe prozentuale Unterschiede finden sich für einen Aspekt, den die Autoren als „fantasy preoccupation" bezeichneten (75% im Vergleich zu 50% und 29%). Gemeint war an dieser Stelle aber nicht die Intensität der eigenen Phantasie, sondern die tägliche Beschäftigung mit dem Genre Fantasy in Spielen, Büchern und Hobbies, also bestenfalls ein Indikator für die Ausrichtung, nicht aber für die Intensität der Phantasie. In Bezug auf den Missbrauch von Alkohol bzw. Drogen im Verlauf ihres Lebens lagen School Shooter mit 29% unterhalb der Werte der beiden anderen Gruppen mit 33% und 63% (ebd.).

2.5.2.4 Studie des National School Safety Centers

Ziel der Studie war die vollständige Darstellung aller im Zeitraum der Schuljahre 1992/93 bis 2001/02 vorgefallenen gewaltsamen Todesfälle an Schulen in der USA. Als Datenquelle dienten spezielle Zeitungsdienste und die darin enthaltenen Artikel. Aufgenommen wurden von den Verfassern jeweils die Daten und Orte der Todesfälle, sowie Anzahl, Name und Alter der Opfer. Ferner fand eine Zuordnung in festgelegte Kategorien bzgl. Methode und zugeschriebener Ursache nebst einer sehr kurzen Beschreibung des Tatverlaufes (ROBERTZ 2004: 96). Insgesamt wurden in den untersuchten zehn Jahren 327 gewaltsame Tode an US-amerikanischen Schulen verzeichnet. Von diesen Todesfällen resultieren 53 aus insgesamt 26 verschiedenen School Shootings.

Hieraus ist ersichtlich, dass School Shootings nur einen kleinen Teil der jährlich an US-Schulen auftretenden Todesfälle ausmachen. Im Untersuchungszeitraum ergaben sich hier 16,2 % (53 von 327 Todesfällen). Demgegenüber ist die hohe Anzahl von Selbstmorden im selben Zeitraum, in Höhe von 17,7 %, die an Schulen stattfanden, erstaunlich (a. a. O.: 97).

Im Bezug auf die Methode ergab sich ein sehr klares Bild. In 74,6% der Fälle, insgesamt 244, wurden Schusswaffen verwendet. Weitere 45 durch Stichwaffen und die übrigen 38 verteilen sich auf diverse Todesarten wie erwürgen, erhängen, erschlagen usw. In Bezug auf die in der Auflistung auftauchenden School Shootings wurden 51 der Tötungen durch Schusswaffen und nur zwei durch Stichwaffen gegangen. Diese Tatsache lässt sich vermutlich aus der typischen Haltung und der Verfügbarkeit von Schusswaffen, mit deren gleichzeitiger Eignung, effektiv aus großer Entfernung töten zu können, in den Vereinigten Staaten von Amerika ableiten (ebd.).

2.5.2.5 Studie des US Secret Service und Department of Education

Die Denk- und Verhaltensweisen der bis zu diesem Zeitpunkt bekannten School Shooter sollte im Hinblick auf die Entstehung der Tatidee, Zielauswahl und Motivation analysiert werden. Zudem sollte das Tatverhalten anhand von vordeliktischen Äußerungen, Planungsnachweisen, psychischer Verfassung und Lebensumständen zum Tatzeitpunkt erfasst werden (ROBERTZ 2004: 97).

Zu diesem Zweck wurden 37 im Zeitraum von Dezember 1974 bis Mai 2000 vorgefallene School Shootings untersucht, indem Primärunterlagen wie Polizeiprotokolle, Schul- und Gerichtsunterlagen, sowie psychiatrische Gutachten ausgewertet wurden. Zudem gelang es, Interviews mit zehn der inhaftierten Jugendlichen durchzuführen. Leider werden bei dieser Studie die Taten nicht explizit ausgewiesen (a. a. O.: 98).

Die Forscher konnten anhand des gesammelten Materials kein brauchbares bzw. eindeutiges Profil der jugendlichen Täter erstellen. So ließ sich kein Muster im Bezug auf Alter, ethnische Zugehörigkeit, Familienverhältnisse, schulische Leistungen, soziale Beziehungen oder dem Konsum von Alkohol, Drogen und gewalthaltige Medien finden (ebd.). Dennoch ließen sich für das Vorfeld der Taten zumindest einige Gemeinsamkeiten der späteren Täter ausmachen. So zeigten fast alle Jugendlichen vor der Tat Verhaltensweisen, die bei Dritten Besorgnis auslösten oder auf Bedürfnis nach Hilfe hinwiesen (93%) und fast dreiviertel der Täter fühlten sich von anderen verletzt oder schikaniert (71%). Oft hatten sie Probleme, mit einer persönlichen Niederlage oder einem großen Status- oder Beziehungsverlust fertig zu werden (98%) und 78% hatten sogar schon einen Selbstmordversuch in Betracht gezogen oder durchgeführt (ebd.). Technisch gesehen hatten die meisten Täter Zugang zu Waffen und vor der Tat schon Erfahrung mit Waffen gesammelt. Bei der Tat selbst waren mitunter auch andere Schüler in irgendeiner Weise beteiligt, z.B. indem sie zur Tat anstifteten oder sogar bei der Beschaffung von Munition behilflich waren. Es liegen allerdings keine Erkenntnisse darüber vor, ob diesen Schülern tatsächlich die Absicht der späteren Täter bewusst war, ihre Planung auch in eine Handlung umzusetzen. Beendet wurden die Taten in den meisten Fällen nicht durch das Eingreifen von Sicherheitsbeamten, sondern durch Handlungen von Schulleitern, Pädagogen, Schülern oder dem Täter selbst (ebd.).

Eine der wesentlichsten Feststellungen dieser Studie war letztlich, dass die Vorfälle nur sehr selten plötzliche und spontane Taten waren, nur in 5% der Fälle traf dies zu. Mehr als die Hälfte der Jugendlichen hatten die Idee sogar einen oder mehrere Monate ausgearbeitet. Zumeist wussten Dritte bereits vor Eintreten der Vorfälle über den Plan des jugendlichen Täters Bescheid, obwohl dieser sein Ziel in der Regel vor der Tat nicht direkt bedroht hatte (a. a. O.: 99).

Als Konsequenz aus diesen Ergebnissen wurden folgende präventive Ratschläge für Schulleitungen festgehalten: Statt den Versuch zu unternehmen, einen bestimmten gefährlichen Schülertyp zu ermitteln, sollte man sich bei der Gewinnung eventueller Verdachtsmomente auf Verhaltensweisen und Äußerungen einzelner Schüler konzentrieren. Kommt es tatsächlich zu einem begründeten Verdacht, dann müssen die Verantwortlichen schnell handeln und umfassende Erkundungen einziehen, um eine Tatplanung verhindern zu können (ebd.). Sie müssen zudem auf Drohungen von Schülern, die diese darstellen, reagieren. Besondere Vorsicht gilt bei jedem Versuch eine Waffe zu beschaffen. Ein Mangel an Reaktion könnte als Erlaubnis der Tatumsetzung verstanden werden. Wenn auffällt, dass ein Schüler Schwierigkeiten hat, eine bestimmte Situation zu bewältigen, sollte er an entsprechende Hilfsinstitutionen oder Personen verwiesen werden. Zudem sollten Möglichkeiten verfolgt werden, der Schikanierung von Schülern vorzubeugen (ebd.).

Insgesamt betrachtet werden der Fähigkeit und Sensibilisierung zur Erkennung von Hinweisen auf ein School Shooting Priorität zugewiesen und die entsprechende Technik konseqenterweise in einem eigenen Handbuch zum Management von Bedrohungssituationen operationalisiert (ebd.).

2.5.2.6 Studie des National Research Council der US National Academies

Die Studie des National Research Council geht auf einen Forschungsauftrag des US-amerikanischen Kongresses zurück, anhand detaillierter Fallstudien Vorzeichen von Gewaltausbrüchen in städtischen, suburbanen und ländlichen Schulen, analog zu den Vorfällen in Pearl, Paducah, Jonesboro, Springfield, Edinboro, Fayetteville, Littelton und Conyers, zu untersuchen (vgl. MOORE et al. 2003: 2f.) (ROBERTZ 2004: 99).

Mittels dieser Studie versuchte man, so viel wie möglich über die wichtigsten Ursachen und Konsequenzen dieser Vorfälle herauszubekommen. Zu diesem Zweck gab das National Research Council sechs ausgewählte Fallstudien über acht Jugendliche Schützen in Auftrag, bei denen jeweils mehr als ein Mensch im Verlauf eines einzelnen Vorfalls an einer Schule schwer verletzt oder gar getötet worden war.

Andererseits versuchte man herauszufinden, was Individuen und Institutionen dazu beitragen können, um solchen Taten vorzubeugen bzw. Auswirkungen eines bereits begonnen Vorfalls zu minimieren (ebd.).

Die Fallstudien wurden zunächst entsprechend dieser Definition und zusätzlich unter der Voraussetzung, dass sie sowohl ländliche, als auch suburbane und städtische Bezirke umfassten, ausgewählt. Anschließend wurden verfügbare narrative Berichte, Zeitungsartikel und eigene Interviews, zu den Geschehnissen, Akten zu den Tätern und wahrgenommene Konsequenzen der Taten für das Lebensumfeld erhoben und ausgewertet. Abschließend wurden dann alle Fallstudien im Gesamtzusammenhang ausgewertet (a. a. O.: 100). Aufgrund der Dateneinschränkung sah man sich außer Stande, überzeugende wissenschaftliche Schlussfolgerungen zu treffen und beschränkte sich stattdessen auf das Finden von Motivationshypothesen in den jeweiligen Einzelfällen und allgemeinen Bemerkungen für die Gesamtheit der Probanden (ebd.).

Auf formaler Ebene waren die untersuchten Jugendlichen zwischen 11 und 15 Jahre alte männliche Personen. Keiner stand zur Tatzeit unter dem Einfluss von Alkohol oder anderen Drogen. Es fanden sich jedoch erstaunlicherweise nach Angaben der Verfasser bei sechs der acht Jugendlichen „gravierende psychische Störungen und Krankheiten", wie Schizophrenie, klinische Depression oder Persönlichkeitsstörungen. Ein derart hohes Ergebnis findet man in keiner anderen Studie. Eine genauere Betrachtung zeigt jedoch, dass die diesbezüglichen Angaben zumeist erst nach der Tat in der Gerichtsverhandlung von den Verteidigern der Jugendlichen eingebracht worden waren. Im Vorfeld galt lediglich einer der Jugendlichen als hyperaktiv und einer als verhaltensauffällig. Daher ist dieser Aspekt womöglich mit gerichtstaktischen Erwägungen zu erklären (ebd.).

Weiterhin hatten alle Jugendlichen bereits Erfahrungen mit Schusswaffen und außerdem war es ihnen möglich, leicht an diese Waffen zu gelangen.

Eine sehr interessante Feststellung trafen die Verfasser in sämtlichen Fällen hinsichtlich einer Kluft zwischen den Lebenswelten der Erwachsenen und den Lebenswelten der jugendlichen Täter. Eltern und in den meisten Fällen auch Lehrer hatten ein sehr unzureichendes Verständnis von den Erfahrungen der Jugendlichen in diversen sozialen Situationen und der subjektiven Interpretation dieser Erfahrungen (ebd.). Fast immer beinhaltete dies auch ein fehlendes Verständnis seitens der Eltern und/oder auch der Lehrer für den Versuch der Jugendlichen, Schutz vor subjektiven bedrohlichen Situationen zu finden. Derartige Situationen bezogen sich in der Regel auf die Angst vor einem Statusverlust im sozialen Umfeld und vor Übergriffen mit körperlichen und psychischen Auswirkungen (a. a. O.: 101).

2.5.2.7 Ergebnisse der internationalen Studien

Die bislang hier behandelten Studien ergänzen sich eher, als sich zu widersprechen. Hierbei zeigen sich folgende Kernaussagen:

- School Shootings werden als eigenständiges Phänomen mit spezifischen Merkmalen betrachtet. McGee/DeBernardo (2001) haben diese Vorfälle in Abgrenzung von 'traditionellen' Schießereien an Schulen betrachtet und Meloy et al. (2001) haben den School Shooter als eigenen Typus jugendlicher Massenmörder differenziert. Zudem haben Vossecuil et al. (2002) und Meloy et al (2001) eine langfristige Planung im Vorfeld der Taten belegt. Dies bestätigt die im Definitionsteil getroffene Annahme, dass sich School Shootings signifikant von Amokläufern unterscheiden. Im Gegensatz zu den 'impulsiv-raptusartig' entstehenden Amokläufen (ADLER 2000: 51) erweisen sich School Shootings als das Ergebnis langandauernder Denk- bzw. Planungsprozesse (ROBERTZ 2004: 101).

- Mit Ausnahme von McGee/DeBernardo äußerten sich die meisten Studien sehr vorsichtig. Aufgrund der kleinen Datenmenge und oftmals nicht sehr zuverlässigen Quellen lehnen sie es ab, wissenschaftlich eindeutig abgesicherte Schlussfolgerungen zu formulieren oder ein klares Profil der jugendlichen Täter zu erstellen und fordern zusätzliche und tiefergehende Untersuchungen (ebd.).

- Dennoch lässt sich ein in allen Studien geäußerter Eindruck gewinnen. Demnach ist das Bedrohungspotential durch School Shootings geringer, als die enorme Medienrepräsentation dieser Taten annehmen lässt. Selbst in der Phase der gravierendsten Taten, die auch die 15 getöteten Opfer von Littleton beinhalten, gingen nur 16% der Todesfälle an amerikanischen Schulen auf School Shootings zurück. Im Gegensatz dazu lag beispielsweise die Anzahl der Selbstmorde von Schülern an US-amerikanischen Schulen im selben Zeitraum geringfügig höher und blieb massenmedial offenbar weitestgehend unthematisiert (ebd.).

- Bei den jugendlichen Tätern handelt es sich fast ausschließlich um junge männliche Personen, die mit Schusswaffen töten. Zu diesen Waffen hatten die Jugendlichen einen leichten Zugang und sie konnten bereits vor der Tat Erfahrungen im Umgang mit Schusswaffen machen. Andere Faktoren, die gelegentlich im Zusammenhang mit Gewaltverbrechen durch Jugendliche an Schulen thematisiert werden, wie Alkohol/Drogenkonsum, schlechte Schulleistungen oder polizeilich erfasste Normverstöße, wurden teilweise überprüft, konnten aber weitestgehend nicht nachgewiesen werden (a. a. O.: 102).

- Im Bezug auf die soziale Situation der jugendlichen Täter wird von einem introvertierten Einzelgänger ausgegangen, der in unstabilen Familienverhältnissen aufgewachsen ist. Während sich die Lebenswelten von den älteren Bezugspersonen, wie z.b. Eltern/Pädagogen, und dem späteren Täter oft gravierend unterscheiden, erscheinen seine aktuellen Beziehungen oberflächlich betrachtet normal, erweisen sich aber letztlich dennoch oftmals als disfunktional. Eventuell vorhandene Freunde sind in der Regel ebenso soziale Außenseiter und in der Schule ist ein School Shooter häufig ein Opfer von Schikanierungen (ebd.).

- Die psychische Verfassung der School Shooter ist gemäß der Mehrzahl der Studien nicht von schweren psychischen Erkrankungen geprägt. Es zeigten sich jedoch oftmals deutliche depressive Symptome, die mitunter bis hin zu Suizidversuchen führen (ebd.).

- Bevor es zur Tatdurchführung kommt, erleben die meisten Jugendlichen offenbar Ereignisse, die als schwere persönliche Niederlage gewertet werden können. Dies sind in der Regel subjektive Status- oder Beziehungsverluste. McGee und DeBernardo (2001) fügen derartigen multiplen psychosozialen Stressoren noch den Wunsch hinzu, berühmt zu werden, und verweisen hier auf den Einfluss vorheriger School Shootings im Rahmen von Nachahmungseffekten (ebd.).

- Desweiteren überdenkt und plant ein Jugendlicher eine derartige Tat vor der Durchführung über einen längeren Zeitraum, Wochen bis Monate, hinweg und macht oftmals kurz vor der Tatumsetzung Dritten gegenüber entsprechende Drohungen oder Andeutungen (ebd.).

- Als Konsequenz dieser Äußerungen empfehlen einige der Studien als ´präventive Hinweise´ gerade spezifische und umsetzbare Drohungen zu überprüfen und Aussagen sowie eventuellen Tatvorbereitungen schnell und konsequent nachzugehen (a. a. O.: 103).

Bei diesem Gesamtbild wird ein erhebliches Augenmerk auf das Verhalten vor der Tat gelegt, während die grundlegenden Lebensumstände und in der Entwicklung weiter zurückliegende Sozialisationsmerkmale der jugendlichen Täter ebenso im Verborgenen bleiben, wie direkte Dynamiken der Tatsituation. Hier hilft es, auf die nächsthöhere Abstraktionsebene zurückzugreifen und einen Überblick über die Ergebnisse der seit Jahrzehnten durchgeführten Studien zu jugendlichen Tötungsdelinquenten zu gewinnen (ebd.).

3 Erklärungsansätze

3.1 Soziologische Aspekte

3.1.1 Gewalt

Gewalt scheint sowohl der Logik von Aktion und Reaktion zu folgen als auch in besonderen Krisensituationen ein sozial typisches Phänomen zu sein (BÜTTNER, in: Fachlexikon der sozialen Arbeit 2002: 415 f.).

Der erste Aspekt berücksichtigt die Tatsache, dass Gewaltreaktionen meist auf Kränkungen hin folgen. Im pädagogischen Feld ist dies beispielsweise die Provokation des Täters durch das Opfer (ebd.).

Der zweite Aspekt betrifft die menschliche Entwicklungsdynamik, die geprägt ist von einer Abhängigkeit am Lebensbeginn hin zu einer relativen Autonomie, beispielsweise im Übergang vom Jugendlichen zum Erwachsenen. Hierzu zählt vor allem der so genannte Jugendprotest gegen statische Herrschaftsvorstellungen, der häufig die Komponente Gewalt beinhaltet. Er ist zu einer Metapher für den grundsätzlichen Kontrapunkt zwischen Individuum und Gesellschaft geworden. Doch auch dazwischen gibt es eine ganze Reihe von Stufen, an denen die inneren Entwicklungsbedingungen des Individuums mit den sozialen Anforderungen seiner Umwelt kollidieren und in Gewalthandlungen münden können (ebd.).

„Gewalt erfüllt verschiedene psychische und soziale Funktionen, macht auf Probleme aufmerksam und hilft bei der Selbstinszenierung. Dabei geht es immer wieder auch um kollektive Verhaltens- und Deutungsmuster" (GUGEL 2010: 166).

Die Gewalt hat für Jugendliche verschiedene faszinierende Facetten. Gewalt kann in unklaren Situationen zeigen, wer stärker bzw. schwächer ist und somit eine Eindeutigkeit schaffen. Gewalt wird auch als Mittel der Problemlösung gesehen oder wird zur Erreichung des Zieles, das man erreichen will, angewendet. Gewalt kann auch angewendet werden, um die Aufmerksamkeit der Clique oder der Öffentlichkeit auf sich zu ziehen.

Bezüglich der körperlichen Ebene ist Gewalt die Erfahrung des eigenen Körpers und der damit verbundenen inneren Spannung (GUGEL 2010: 168).

3.1.2 Kriminologische Kontrolltheorien

Kontrolltheorien unterscheiden sich von allen anderen kriminal-sozilogischen Ansätzen schon durch ihre Ausgangsfrage. Nicht Kriminalität oder kriminelle Handlungen, sondern Konformität oder konforme Handlungen bilden den Bereich des zu Erklärenden. Kontrolltheoretischen Ideen in der Kriminalsoziologie unterliegt dabei generell die Vorstellung eines Werte- und Normenkonsenses, an den die Mitglieder des betreffenden Gemeinwesens mehr oder weniger stark gebunden sind. Außerdem wird Personen generell eine Neigung unterstellt, Handlungen auszuführen, die gegen den Werte- und Normenkonsens verstoßen, da solche Handlungen besonders attraktiv sein können und sich viele Gelegenheiten zu ihrer Ausführung bieten. Ist eine Bindung an das konventionelle Werte- und Normensystem nicht gegeben, so ist eine Person im kontrolltheoretischen Sinne frei, kriminelle Handlungen auszuführen. Frühe kontrolltheoretische Ideen betonen stets zwei Aspekte der Bindung von Individuen an den Werte- und Normenkonsens eines Gemeinwesens, nämlich den Aspekt der internen und den der externen Kontrolle (EIFLER 2002: 44).

3.1.2.1 Soziale Kontrolltheorie (Travis Hirschi)

Die einflussreichste Kontrolltheorie in der Kriminalsoziologie ist sicherlich die von Hirschi (1969). Diese Theorie elaborierte die kontrolltheoretische Annahme, dass Personen durch ihre sozialen Bande (sozial bonds) innerhalb eines Gemeinwesens von der Ausführung krimineller Handlungen abgehalten werden (EIFLER 2002: 45). Als Elemente dieser sozialen Bande spezifizierte Hirschi die vier Konzepte *attachment* (emotionale Bindung an andere Menschen), *involvement* (Eibindung in konventionelle Tätigkeiten), *commitment* (Gefühl der Verpflichtung) und *belief* (Glaube an bestimmte Werte). Das wichtigste soziale Band ist das „attachment", d.h. das Ausmaß der Sensibilität einer Person für die Einstellung anderer. Personen, die ein starkes „attachment" haben. Diese Personen legen großen Wert darauf, dass andere positiv über sie denken. Wenn eine Person also ein hohes attachment zu einem Umfeld hat, in dem kriminelle Handlungen abgelehnt werden, so bedeutet dies im Sinne der Kontrolltheorie, dass diese Person mit hoher Wahrscheinlichkeit von der Ausführung krimineller Handlungen absehen wird, um in diesem Umfeld nicht in Misskredit zu geraten (ebd.) & (Robertz 2004: 127).

Ein weiterer Aspekt der sozialen Bande wird mit dem Begriff des „commitment" bezeichnet und beschreibt das Ausmaß, in dem Personen bereits Investitionen in konventionelle Ziele getätigt haben. Wenn Personen also beispielsweise unter hohen persönlichen Einsatz einen qualifizierenden Schulabschluss erworben haben und ein Hochschulstudium aufnehmen wollen, so wird vermutet, dass sie sich freiwillig solcher Verhaltensweisen enthalten würden, die diese Errungenschaften gefährden könnten, d.h. wenn ein Jugendlicher sich also aufgrund instrumenteller Interessen an die Gesellschaft gebunden fühlt, so kann davon ausgegangen werden, das er weniger gefährdet ist so eine Tat zu begehen (ebd.) & (Robertz 2004: 128).

Das dritte Element sozialer Bande, „involvement", bezeichnet die zeitliche Eingebundenheit einer Person in konventionelle Aktivitäten (a. a. O.: 46). Es wird vermutet, dass Personen, die sich die meiste Zeit des Tages von konventionellen Aktivitäten absorbieren lassen, über keine Zeit zur Ausführung krimineller Handlungen verfügen.

Unter dem Begriff „belief" schließlich verstehen die Vertreter der Kontrolltheorie den Glauben einer Person an die Legitimität des etablierten Werte- und Normensystems eines Gemeinwesens. Hiermit geht die Annahme einher, dass Personen, die eine positive Einstellung zu diesem Werte- und Normensystem haben, mit geringerer Wahrscheinlichkeit kriminelle Handlungen begehen als andere.

Hirschi formuliert die These, dass die sozialen Bande „attachment", „commitment", „involvement" und „belief" im Rahmen von Sozialisationsprozessen entwickelt werden, wobei allerdings die betreffenden Sozialisationsmerkmale in dieser frühen Kontrolltheorie noch nicht spezifiziert wurden (ebd.). Je stärker jedoch diese vier Variablen bei einer Person ausgeprägt sind, umso effektiver kann das soziale Band der Tendenz zur instrumentellen Devianz entgegenwirken. Dabei verändert es nicht die Motivation zur Abweichung, sondern es verändert die Wahrscheinlichkeit, dieser Motivation nachzugehen (Robertz 2004: 129).

3.1.2.2 Alterspezifische Theorie informeller sozialer Kontrolle (Robert Sampson & John Laub)

Obwohl Sampson und Laub als Kontrolltheoretiker weitläufig rezipiert worden sind, handelt es sich bei ihrem Beitrag zu dieser Ausrichtung, der sozialen Kontrolltheorie von Hirschi, streng genommen nicht um eine intentional eigenständige Theorie. Der Ausgangspunkt ihres Schaffens war nicht die Absicht, sämtliche Kriminalitätsformen zu erklären, sondern die aus ihrer Sicht fragwürdige These von Hirschi, dass Selbstkontrolle eine lebenslang stabile Eigenschaft sei, anhand von Longitudinaldaten zu überprüfen (ROBERTZ 2004: 135).

Hierzu standen ihnen Fallstudien von 1000 Jugendlichen aus einer zum damaligen Zeitpunkt bereits über vier Jahrzehnte alten Untersuchung von Sheldon und Eleanor Glueck zur Verfügung. Eine Hälfte dieser Jugendlichen war als delinquent auffällig geworden und die andere Hälfte diente als Kontrollgruppe. Diese Kontrollgruppe war mittels der Variablen Alter, ethnische Zugehörigkeit, Intelligenz und Status der sozioökonomischen Nachbarschaft ausgewählt worden. Zum ersten Erhebungszeitpunkt waren die Probanden im Durchschnitt 14 Jahre alt. Im Durchschnittsalter von 25 und 32 Jahren erfolgten dann Erhebungen durch die Gluecks. Nach Veröffentlichung ihrer Theorie gelang es Sampson und Laub 1994 zusätzlich, eine Erhebung der noch lebenden Probanden im Durchschnittsalter von 70 Jahren durchzuführen. Von besonderer Bedeutung war, dass Sheldon und Eleanor Glueck 18 Jahre den Kontakt zu ihrem Sample gehalten haben und die Daten über diesen Zeitraum hinweg aktualisiert hatten. Damit ergab sich die Möglichkeit, die lebenslange Stabilität der Selbstkontrolle anhand eines beeindruckenden Datenmaterials zu überprüfen (ROBERTZ 2004: 136).

Aufgrund ihrer Untersuchungsergebnisse kommen Sampson und Laub zu der Überzeugung, dass die Annahme von frühzeitig festgelegten individuellen Charakteristika eines Menschen und ihrer lebenslang bestehenden Auswirkung auf kriminelles Verhalten nicht haltbar seien. Vielmehr üben Interaktionen mit Institutionen sozialer Kontrolle in Form von andauernden Lebensverläufen und punktuellen Lebensereignissen für Jugendliche und Erwachsene einen erheblichen Einfluss aus. Dies kann nach Sampson/Laub durchaus dazu führen, dass sich die Verhaltensausrichtung von Menschen mit geringer Selbstkontrolle verändert und eine zunehmend stärkere Selbstkontrolle aufweist. Ein derart dauerhafter Wandel der Verhaltensausrichtung kann somit auch eine Reduzierung der Abweichung von sozialen Normen zur Folge haben (ROBERTZ 2004: 136).

Das Sampsons und Laubs These zugrundeliegende ´alterspezifische Modell der informellen sozialen Kontrolle´ verbindet drei grundsätzliche Annahmen:

- Eine Vielzahl von sozialstrukturellen und individuenbezogenen Einflussfaktoren wird durch informelle soziale Kontrolle im Bereich von Familie, Schule und Freunden beeinflusst und bedingt in dieser modifizierten Form indirekt eine eventuelle Delinquenz in Kindheit und Jugend.

- Durch eine in der Folge schwach entwickelte Selbstkrontrolle verläuft antisoziales Verhalten in einer Vielzahl von Lebensbereichen kontinuierlich durch die Entwicklung von der Kindheit bis ins Erwachsenenalter.

- Trotz dieser Entwicklung sind informelle soziale Banden zu Familie und Berufsumfeld in der Lage, diese Ausrichtung zu ändern und weitere Kriminalität zu verstärken oder zu verhindern (ROBERTZ 2004: 137).

Dabei legen Sampson und Laub die Gewichtung im Gegensatz zu anderen Modellen des Lebensverlaufs nicht so sehr auf den Einfluss von direkten Lebensereignissen, sondern im Einklang mit anderen Kontrolltheorien vor allem auf die jeweilige Qualität und Stärke der sozialen Bedingungen. Ihnen ist es gelungen, einen Kernaspekt der Selbstkontrolle zu entkräften und gleichzeitig eine Verbindung zu wesentlichen Elementen der sozialen Kontrolltheorie herzustellen. Das Ergebnis ist eine an besagter Untersuchung belegte Synthese der beiden Ansätze, deren Annahmen seither bereits durch einige weitere Forschungsvorhaben gestützt worden sind (ebd.).

Von besonderem Interesse für die deutsche Kriminologie ist in diesem Rahmen eine Untersuchung der Universität Tübingen (ROBERTZ 2004: 137 f.). Mit der Zielsetzung, Grundlagenwissen über die Entwicklung von mehrfach straffälligen Personen zu generieren, wurde ursprünglich eine Gruppe von 20- bis 30-jährigen Männern untersucht, die mindestens eine Haftstrafe von sechs Monaten verbüßt hatten. Die Vergleichsgruppe entstammte der Durchschnittspopulation. Einzelfalluntersuchungen zu den jeweiligen Personen und ihrem sozialen Umfeld bildeten in Form von breit gefächerten und möglichst umfangreichen Befragungen, Aktenanalysen und psychiatrisch-medizinischen Explorationen den Kernteil der Untersuchung (ebd.).

Die Längsschnittsdaten dieser seit Mitte der 1960er Jahre kontinuierlich fortgesetzten ´Tübinger Jungtäter-Vergleichsuntersuchung´ (TJVU) wurden 1998 im Hinblick auf die Annahmen von Sampson und Laub überprüft. Tatsächlich konnte die Güte der Theorie weitgehend auch für deutsche Verhältnisse bestätigt werden. Die deutschen Forscher belegten, dass strukturelle Belastungsfaktoren auch nach den Daten der TJVU erst bei negativen familiären Interaktionsstrukturen die Wahrscheinlichkeit sozialer Auffälligkeiten in Kindheit und Jugend erhöhen. Doch auch feste Bindungen zu Schule und Peers als wichtige Institutionen sozialer Kontrolle wirken unabhängig voneinander stabilisierend. Zudem war nicht nur die frühe Sozialisation, sondern auch die weitere lebensgeschichtliche Entwicklung für die Kontinuität oder den Abbruch der Delinquenz verantwortlich (a. a. O.: 138).

Allerdings bemerkten Thomas und seine Kollegen, dass die `altersspezifische Theorie informeller sozialer Kontrolle´ vor allem schwere und wiederholte Delinquenz erklärt, während leichte oder einmalige Auffälligkeiten im Kindes- und Jugendalter durch Defizite der frühzeitigen familiären Interaktion nicht begründet werden kann. Angesichts der kriminologisch weitreichend belegten Ubiquität leichter jugendlicher Delinquenz ist das jedoch wenig verwunderlich (ebd.).

Weitere Kritikpunkte an der Theorie beziehen sich zumeist auf Probleme, die mit der Wahl der Methode, welche zuvor beschrieben wurde, nahezu untrennbar einhergehen. So weisen schon Sampson und Laub selbst darauf hin, dass die sekundäre Auswertung von Longitudinaldaten sich notwendigerweise auf einen sozialen und historischen Kontext bezieht, der mit den Lebensverhältnissen zur Zeit der Publikation nicht mehr übereinstimmt. Auch die Erhebung der sozialen Abweichungen kann bei derartigen Untersuchungen nicht immer vollständig gewährleistet werden. Er erscheint durchaus möglich, dass aktenkundige Kleinkriminalität in späteren Jahren durch verdeckte Kriminalitätsarten, wie Wirtschaftskriminalität und innerfamiliäre Gewaltanwendung, ersetzt werden können (ebd.).

3.1.2.3 Kontrollbalance-Theorie (Charles Tittle)

Mit seiner „Control Balance Theory" legte Tittle 1995 einen Ansatz vor, der Konzepte der Anomietheorie, der Theorie sozialen Lernens, der Kontrolltheorie und der Abschreckungstheorie miteinander integrierte (EIFLER 2002: 76). Hierbei geht es ihm um die Analyse verschiedener Formen abweichenden Verhaltens (ebd.).

Das zentrale Konzept des Ansatzes ist das so genannte Kontrollverhältnis, also die Beziehung zwischen dem Ausmaß, in dem Akteure Kontrolle über ihre soziale und nicht-soziale Umwelt ausüben, und dem Ausmaß, in dem sie der Kontrolle durch ihre soziale und nicht-soziale Umwelt unterworfen sind. Ein Kontrollungleichgewicht ist nach Tittle, also die treibende Kraft eines Menschen deviant zu werden, hinzu kommt außerdem eine Motivation zur Abweichung und die Gelegenheit zur selbigen (Robertz 2004:141).

Das Konzept der Kontrollverhältnisses erfährt im Rahmen der „Control Balance Theory" vor allem auf der operationalen Ebene eine Konkretisierung: Art und Ausprägung des individuellen Kontrollverhältnisses werden dabei aus den spezifischen Rollen- und Statuseigenschaften einer Person abgeleitet. Tittle unterscheidet in diesem Zusammenhang individuelle von organisationsbezogenen Elementen (EIFLER 2002: 76).

Individuelle Elemente werden verstanden als deskriptive Charakteristika, anhand derer sich das Kontrollverhältnis einer Person kennzeichnen lässt (a. a. O.: 77). Die Klasse der individuellen Elemente setzt sich wiederum aus gruppen- und persönlichkeitsbezogenen Elementen zusammen. Gruppenbezogene Elemente umfassen Rollen, den Status und die Reputation. Eine besondere Bedeutung kommt dabei den so genannten entscheidenden Rollen- und Statuseigenschaften zu: Auf der Grundlage weniger demografischer Indikatoren wie beispielsweise Alter, Geschlecht, Familienstand, beruflicher Status oder ethnische Zugehörigkeit, kann bereits eine zutreffende Charakterisierung der Art und Ausprägung des individuellen Kontrollverhältnisses erfolgen (ebd.) .

Persönlichkeitsbezogene Elemente umfassen Merkmale wie Intelligenz, Selbstvertrauen, soziale Kompetenz und physische Attraktivität einer Person. Im Vergleich zu den Rollen- und Statuseigenschaften kommt diesen persönlichkeitsbezogenen Merkmalen jedoch eine geringere Bedeutung für die Konstitution des individuellen Kontrollverhältnisses zu. Als organisationsbezogene Elemente betrachtet Tittle die über die Zugehörigkeit zu bestimmten Gruppen und Netzwerken gegebenen Möglichkeiten zur Aktivierung sozialer Ressourcen im Hinblick auf die Realisierung eigener Handlungsziele (ebd.).

Die Klasse der organisationsbezogenen Elemente umfasst nach Tittle die Bereiche Familie, soziale Netzwerke, Zugehörigkeit zu formalen Organisationen und Subkulturen. Damit sind die in das Konzept eingehenden Elemente ausgesprochen heterogen. Um abweichendes und kriminelles Handeln aus der jeweiligen Ausprägung des Kontrollverhältnisses erklären zu können, führt Tittle weiterhin das Konzept der Motivation mit ein. Dieses beschreibt er als ein grundsätzliches Streben nach Freiheit (ebd.).

Eng verbunden damit ist auch das Streben nach Autonomie, demzufolge alle Menschen grundsätzlich ein Bedürfnis nach Autonomie haben, das sie in ihrem Handeln zu realisieren suchen (a. a. O.: 78).

Es wird angenommen, dass Menschen generell danach streben, den Anteil an Kontrolle zu erhöhen, die sie über andere oder anderes ausüben, dass sie dies aber insbesondere dann tun, wenn sie ihre Autonomie durch die kontrollierenden Aktivitäten anderer eingeschränkt sehen. Tittle geht davon aus, dass Personen ein Kontrollungleichgewicht als Diskrepanz zwischen einem idealerweise ausgeglichenen und ihrem aktuell erlebten Kontrollverhältnisses und aus Provokationen, d.h. situationalen Einflüssen, die den Akteur sein Kontrollungleichgewicht erkennen lassen, empfinden. Tittle unterscheidet Provokationen auf einer operationalen Ebene als spezifische Verhaltensweisen von anderen, wie z.B. verbale Attacken, demonstrierte Unterlegenheit oder auch als kontrollierenden Stimulus im Form einer postalisch zugestellten Rechnung, die bezahlt werden muss (ebd.). Tittle betont in diesem Zusammenhang, dass zwar Kontextfaktoren die wesentlichen Provokationen für Akteure bedeuten können, dass aber spezifische und überdauernde Wahrnehmungsrichtungen oder Verhaltensbereitschaften von Akteuren in gewisser Weise den fruchtbaren Boden für die Wahrnehmung von Provokationen im sozialen und nicht-sozialen Kontext darstellen. Prädispositionen, d.h. spezifische und überdauernde Wahrnehmungsrichtungen und Verhaltensbereitschaften, ergeben sich nach Tittle aus der Ausprägung des individuellen Kontrollverhältnisses (ebd.).

Tittle formuliert weiterhin die Idee, dass die Wahrnehmung von Situationen als Gelegenheiten zur Ausführung abweichender oder krimineller Handlungen spezifischen Einschränkungen unterliegt. So ist die Ausführung abweichender oder krimineller Handlungen mit der Erwartung von Sanktionen in Form von Bestrafung verbunden, die eben diese Handlungen unter Umständen als unattraktiv erscheinen lassen können (a. a. O.: 79).

Tittle postuliert nicht nur die Vorhersagbarkeit abweichenden und kriminellen Handelns im Allgemeinen, sondern auch die Vorhersagbarkeit bestimmter Typen abweichenden oder kriminellen Handelns. Er führt hierzu eine Typologie ein, die abweichende Verhaltensweisen hinsichtlich der Qualität und der Intensität potenzieller negativer Sanktionen ordnet und mit verschiedenen Ausprägungen des individuellen Kontrollverhältnisses in Beziehung setzt. Diese Typologie wurde von Tittle aufgrund neuerlicher Überlegungen allerdings bereits wieder zurückgenommen, weshalb hier lediglich auf die Ausführungen Tittles verwiesen sei (ebd.)

3.1.2.4 Bewertung der Kontrolltheorien und Folgerungen für die Kontrollinstanz Schule

Die dargestellten Kontrolltheorien beruhen weitgehend auf empirisch messbaren Grundannahmen und haben daher im Kontrast zu anderen Strömungen innerhalb der Kriminologie zahlreiche Untersuchungen hervorgebracht. Jene Studien stützen wesentliche Annahmen der Kontrolltheorien und modifizieren oder spezifizieren einzelne Aspekte (ROBERTZ 2004: 143).

Während Hirschis soziale Kontrolltheorie sich noch auf die Erklärung von Devianz durch Jugendliche beschränkt, gehen spätere Bestrebungen immer mehr in die Richtung einer auf Kontrolltheorien basierenden generellen Theorie. Einerseits ist es nur wünschenswert, dass in diesem Zusammenhang auch Fragmente anderer kriminologischer Theorien in den Kontrollgedanken integriert werden. Andererseits entwickelt sich dadurch oftmals eine Komplexität, welche diese generellen Theorien nur schwer handhabbar macht, wie gerade das Beispiel der Kontrollbalance-Theorie verdeutlicht. Durch den

Anspruch, alle Formen der Kriminalität oder sogar aller Abweichungen, erklären zu wollen, entsteht eine Unschärfe, welche die Erklärung spezifischer Devianz erheblich erschwert (ebd.).

Um dennoch den Wert der Kontrolltheorien für die Erklärung von School Shootings herauszuarbeiten, soll auf der Basis der vorgestellten Annahmen nun der Blickwinkel auf die Sozialisationsinstanz fokussiert werden, an der diese Taten stattfinden.

Schulen wurden schon einige Jahre vor dem gehäuften Auftreten von School Shootings mit Aggressivität und Gewalt in Verbindung gebracht. Das aufkommende öffentliche Interesse hat in der Folge zu einer komplexen und weitreichenden Diskussion geführt, die jedoch für das hier behandelte Thema nur geringe Relevanz besitzt. Diskutiert wurden Entstehungsbedingungen und Präventionsmöglichkeiten von aggressivem Verhalten, Vandalismus und geringfügige Gewaltanwendungen durch Schüler, die über längere Zeit durch derartige Handlungen auffielen. Phänomenologisch steht das im deutlichen Kontrast zu der hier diskutierten einmaligen schwersten Gewaltanwendung durch vorher weitestgehend unauffällige Schüler.

Die Schule nimmt mit Unterricht und Hausaufgaben nicht nur einen erheblichen Teil der Zeit eines Jugendlichen in Anspruch, sie begleitet ihn auch auf dem Weg aus dem Elternhaus und in das Berufsleben. Kein Wunder also, das Hirschi ihr eine zentrale Rolle im sozialen Beziehungsgefüge eines Jugendlichen zuweist.

Wenn es der Schule gelingt, das „attachment", „involvement" und „commitment" eines Jugendlichen zu bestimmen, dann wird er Hirschis Ansicht zufolge kaum delinquente Handlungen begehen (a. a. O.: 144). Ein nicht unerheblicher Einfluss für das Gelingen dieses Anspruchs ist die intellektuelle Kompetenz eines Jugendlichen. Während das „attachment" zu Lehrern unabhängig von den Voraussetzungen des Schülers gelingen kann und das „involvement" von der Schule mittels Sanktionsandrohung vorgegeben wird, bestimmen mögliche schulische Erfolge und die daraus folgenden positiven Verstärkungen, inwiefern ein Schüler ein tragfähiges schulisches „commitment" entwickeln kann. Erst wenn er in der Lage ist, sich aufgrund seiner Kompetenzen einen schulischen „Status" zu erarbeiten, kann ein Jugendlicher erkennen, dass er diesen durch deviante Handlungen gefährden könnte. Der „belief", als vierter Faktor eines sozialen Bandes, wird durch die vermittelten Lerninhalte und die Vorbildfunktion der Lehrer mitbestimmt (ebd.).

Die Schule gehört auch zu Sozialisationsinstanzen, die einen wesentlichen Beitrag zur Selbstkontrolle leisten können. Durch die Notwendigkeit der Aufrechterhaltung von

Ordnung und Disziplin und die Fähigkeit der meisten Lehrer, deviantes Verhalten als solches zu erkennen, besteht an Schulen ein hohes Maß an effektiver Verhaltenskontrolle. In diesem Setting werden immer wieder die Vorteile aufgeschobener Befriedigung gelehrt (ebd.).

Andererseits verlangt die Schule auch ein hohes Maß an Selbstkontrolle, um überhaupt erst diesen Lernerfolg erzielen zu können. Auch wenn Sampson und Laub mit ihrer Untersuchung gezeigt haben, dass eine Verbesserung der Selbstkontrolle im späteren Lebenslauf noch möglich ist, sollte zu diesem Zeitpunkt also schon eine effektive Basisarbeit innerhalb der familiären Erziehung gelegt worden sein (ebd.).

Es wird weiterhin darauf hingewiesen, dass die Schüler zu bestimmten Zeiten an bestimmten Orten sein müssen, sich lange Zeit ruhig und physisch inaktiv sowie aufmerksam verhalten müssen und auch dann Erledigungen auszuführen haben, wenn sie einmal nicht unter der direkten Kontrolle der Schulorgane stehen (a. a. O.: 145). Sind Schüler aufgrund eines sehr geringen Maßes an eigener Selbstkontrolle nicht dazu in der Lage, dann reagieren aufgrund der hohen Kontrolldichte unvermeidlich die Sanktionssysteme der Schule, wie z.B. Bloßstellung, Verhaltensrestriktion oder in letzter Konsequenz ein Schulverweis (ebd.).

Hirschi sowie Sampson/Laub würden ein derart hohes Ausmaß der Kontrolle, verbunden mit jeweils anderen spezifischen Faktoren, als kriminalitätspräventiv begrüßen, da sie davon ausgehen, dass Menschen umso angepasster reagieren, je stärker die jeweiligen Kontrollformen ausgeprägt sind. Tittle jedoch erscheint auch ein besonders hohes Ausmaß der Kontrolle durchaus als problematisch (ebd.).

Gerade dies wird aber durch die genannten Sanktionsmechanismen und die strukturellen Bedingungen der Schule bewusst herbeigeführt, um dem Lehrbetrieb aufrechterhalten zu können. Ein Lehrer muss deutlich mehr Schüler zielgerecht kontrollieren können als ein Elternteil die eigenen Kinder. Dies geht oftmals nur auf Kosten der persönlichen Beziehung zwischen Lehrern und Schülern. Diese Aussage bezieht sich auf praktische Erkenntnisse der Forschung zu Gewaltursachen an Schulen. Der weit verbreitete Versuch, sich auf die Wissensvermittlung zurückzuziehen und Schülern somit keinen Angriffspunkt zu bieten und auf diese Art eine wirksame Kontrolle der gesamten Klasse zu gewährleisten, lässt sich als eine Fehlannahme bezeichnen. Tatsächlich würde gerade das ernst gemeinte Beziehungsangebot, also in der Konsequenz idealerweise ein funktionsfähiges „attachment", sehr viel effektiver und gewaltpräventiver wirken. Dies allerdings setzt auch eine Investition von Zeit voraus, der die rigide Ausgestaltung des Lehrplans entgegensteht (ebd.). Die Bildung des Hirschi´schen „attachments" zu Lehrern wird so erheblich erschwert (ebd.).

Was vor Jahrzehnten aufgrund der damals funktionsfähigen Arbeitsteilung zwischen Elternhaus und Schule noch gelang, die Familie erzieht und die Schule lehrt, bedeutet heute aufgrund der Erosion von stabilen kernfamiliären Beziehungen und einer Erziehungsmüdigkeit vieler Familien oftmals, dass Schüler kaum prosoziale Werte vermittelt bekommen, was auch Auswirkungen auf die Rolle des „beliefs" von Hirschi hat (ebd.). Der sachliche, emotionslose Rückzug auf den Bildungsauftrag lässt die Kinder und Jugendlichen in einer Beziehungslosigkeit zurück, die gerade für die so genannten „Ich-schwachen" Schüler belastend wirkt, und im Fall eines angstbesetzten schulischen Leistungsversagens mit der Beeinträchtigung des Selbstwertgefühls einhergehen kann (a. a. O.: 146). Verstärkend kommen in Einzelfällen noch die Nichterfüllungsmöglichkeit hochgesteckter elterlicher Erwartungen und abwertend oder etikettierende Lehrmethoden hinzu.

Die erhebliche Zeit, die Schüler unter diesen Umständen verbringen und die gesellschaftlich propagierte Relevanz der Schule für die berufliche Zukunft machen diese Umstände noch bedeutsamer für einen Schüler (ebd.).

Da Tittle im Gegensatz zu seinen Vorgängern nicht die Motivation zur Abweichung als konstante Größe betrachtet, die durch soziale Kontrolle variiert wird, sondern das Bedürfnis nach Autonomiegewinnung, das durch das erlebte Kontrollungleichgewicht variiert wird und so erst die Motivation zur Abweichung hervorruft, steigt seiner Theorie zufolge mit dem erlebten schulischen Druck und der erlebten eigenen Handlungsunfähigkeit auch die Wahrscheinlichkeit eines Versuches, das Kontrollgleichgewicht zumindest zeitweise zum eigenen Vorteil zu verändern (ebd.). Die Art und Weise dieses Versuchs hängt von den Bewertungen des jeweiligen Akteurs ab. Beispielsweise kann je nach eigener Bewertung durchaus ein Einbruch, z.B. das Durchwühlen fremder Gegenstände, einen wahren Machtrausch hervorrufen. Umso mehr gilt dies für Tötungshandlungen.

Im direkten Bezug zu School Shootings zeigen die Kernthesen der Kontrolltheorien folgenden Zusammenhang: eine mangelnde Verwurzelung im sozialen Gefüge schafft grundsätzlich die Möglichkeit, sich delinquent zu verhalten.

Operationalisierbar ist die Stärke und Effektivität des delinquenzpräventiven sozialen Bandes mittels Hirschis Variablen der emotionalen Bindung an andere Menschen, einem Gefühl der Verpflichtung, der Einbindung in konventionelle Tätigkeiten und des Glaubens an prosoziale Werte (ebd.).

Neben dieser äußeren beziehungs- und institutionsgeprägten Kontrolle ist auch die Stärke der inneren Selbstkontrolle von erheblicher delinquenz-präventiver Bedeutung. Diese wird schon frühzeitig durch Sozialisationsfaktoren bestimmt, ist jedoch nach Sampson und Laub im Lebenslauf veränderbar und somit auch auf Schulebene prinzipiell modifizierbar (a. a. O.: 147).

Nach Tittle muss zur Motivation der tatsächlichen Abweichung in der Regel zunächst ein vom Jugendlichen subjektiv wahrgenommenes Kontrollungleichgewicht vorliegen. Da es sich bei School Shootings gemäß Tittles Beschreibungen der Kontrollniveaus um einen Akt von „predation", in der eigentlichen Übersetzung ein räuberisches Verhalten, handelt, muss es sich im Umkehrschluss bei dem erlebten Kontrollungleichgewicht um ein Kontrolldefizit handeln. Vor dem Hintergrund der Definitionsmacht von Lehrern und Eltern gegenüber jugendlichen Schülern und den Kontrollmechanismen der Schule erscheint diese Annahme auch schlüssig (ebd.). Es kann jedoch auch dieser Kontrollüberschuss prosozial wirken, insofern die Machtausübung der Lehrer von Respekt den Schülern gegenüber bestimmt wird, und die Schüler die Macht der Lehrer aus diesem Grund akzeptieren. Dies würde das Kontrollungleichgewicht zumindest in der Ausprägung egalisieren und die Notwendigkeit der Herbeiführung eines Gleichgewichtes verringern (ebd.).

Die Wahrnehmung des Kontrolldefizits manifestiert sich vermutlich besonders stark in der Zeit, in der die Zeugnisse ausgegeben werden. Die von Frank J. Robertz durchgeführte Erhebung internationaler Vorfälle belegt, dass diese Schulphase für School Shootings tatsächlich besonders kritisch zu bewerten ist, da derartige Vorfälle zu diesen Zeiten gehäuft auftreten.

Gemeinsam mit dem natürlichen Streben nach Autonomie und der Behinderung von Handlungsimpulsen der Schüler, z.B. der Wunsch einer Versetzung, oder auch den Erfolgen eines älteren Geschwisterteils nachzueifern, entsteht nach Tittle eine Prädisposition. Diese führt gemeinsam mit Auswirkungen eventueller früherer devianter Taten und ausgelöst von einer situativen Provokation zur Handlungsmotivation. Bei dieser situativen Provokation ist z.B. an eine kurzfristig erfolgte Herausforderung von Klassenkameraden oder Streitigkeiten mit einem Lehrer zu denken, die das Erleben eines Kontrolldefizits verstärken und so eine emotionale Komponente in Tittles Modell integrieren (ebd.). Trifft die derart entstandene Motivation zur Devianz auf eine günstige

Gelegenheit zur Handlungsumsetzung mit geringen Zwängen, welche die intendierte Handlung verhindern könnte, so kann es zur spezifischen Devianz kommen (a. a. O.: 148).

Obwohl Tittle vehement die Relevanz der wahrgenommenen Kontrollbalance für die Ausführung devianter Handlungen verdeutlicht, und dieser Aspekt auch die Häufung devianter School Shootings zu bestimmten, insbesondere als machtlos erscheinende Zeiten innerhalb eines Schuljahres erklären mag, gibt seine Theorie keinen Hinweis darauf, warum und wann es sich bei dieser Devianz um eine schwere Gewalttat handelt. Zwar variieren Gelegenheit, Zwang und Motivation das Austreten der Devianz bei einem Kontrollungleichgewicht, doch kann seine Theorie nicht plausibel erklären, wann und aus welchen Gründen ein Schüler seine „predation" eher durch kleine Übertretungen, wie z.b. Sachbeschädigung ausdrückt, und wann er sich dazu entschließt, mehrere Menschen zu töten (ebd.). Da Gelegenheit und Zwang nicht im extremen Maße von Schüler zu Schüler differieren, liegt es nahe, den Schlüssel zur Beantwortung dieser Frage in der Motivation zu suchen.

Ein noch zu bestimmender Einfluss, den Tittle nicht erkannt bzw. nicht thematisiert hat, scheint jugendlichen School Shootern nahe zu legen, dass das Kontrollgleichgewicht erst durch ihre spezifische Gewalttat ausgeglichen werden kann. Tittle ist der Ansicht, dass jeweils die subjektiv gesehen effektivste Form der Devianz gewählt wird, um ein Kontrollungleichgewicht zu egalisieren. Demzufolge muss es eine Kraft geben, die bestimmten Jugendlichen impliziert, dass ein School Shooting auch vor dem Hintergrund der Zwänge und „Folgekosten" das beste und aus ihrer Sicht womöglich das einzige Mittel darstellt, um das eigene Kontrollungleichgewicht zu beheben (ebd.).

Die in US-amerikanischen Studien zu School Shootings getroffenen Feststellungen, dass es sich bei den Tätern um Jugendliche handelt, die ihre Situation in der Regel als hoffnungslos erleben (Behinderung von Impulsen, Kontrolldefizit, Verschlechterung), allenfalls geringe soziale Beziehungen haben (geringe „attachments" und geringe Zwänge) sowie kurz vor der Tat eine Erfahrung gemacht haben, die sie subjektiv als schwere persönliche Niederlage werteten (situative Provokation), stützen das Gesamtbild (ebd.).

Die Kontrolltheorien haben somit viel zur Erklärung beigetragen, warum eine Tatplanung bei einigen Jugendlichen mit gravierender Vulnerabilität in kritischen Situationen umgesetzt werden kann bzw. was andere Jugendliche von der Umsetzung so einer Gewalttat abhält. Dennoch gelingt es auch dieser Theoriegruppe nicht darzustellen, warum und wie die Idee zu einer Tatplanung überhaupt erst entsteht und verfolgt wird (a. a. O.: 149).

3.2 Psychologische Aspekte

3.2.1 Definitionen

Der Stuttgarter Kinder- und Jugendpsychiater Reinhart Lempp definiert Realität als „die jedem gesunden Menschen auf Grund seiner Sinnesfunktionen und seiner daraus gewonnenen Erfahrungen mögliche und für ihn notwendige Vorstellung seiner Umwelt, wie er sie erlebt" (zit. n. ROBERTZ/WICKENHÄUSER 2007: 75). Psychisch gesunde Menschen können über alltägliche Wahrnehmungen der Realität relativ problemlos kommunizieren (ebd.). „Unbewusste Phantasien modifizieren die Wahrnehmung und Deutung der Wirklichkeit, während die Realität gleichzeitig auf unbewusste Phantasien einwirkt". Die Realität wird erfahren, verinnerlicht und beeinflusst die unbewussten Phantasien fortan (ebd.).

Psychologen sprechen heute, wenn sie sich mit der Phantasie beschäftigen

- von einer abgewandelten Erinnerung von früher Wahrgenommenem (wahrnehmungsorientierte Vorstellungen)
- von einer Assoziation früherer Wahrnehmungsbestandteile zu neuen Gebilden und der Neuproduktion vorgestellter Inhalte (schöpferische Vorstellungstätigkeit)
- von einer gestörten Vorstellungswelt ohne direkte Anbindung an vergangene Sinneserfahrungen (wahnhafte Kontrollverluste/ Halluzinationen/ Autismus (FRÖHLICH 2000: 333 f.)

„Phantasie" soll im Folgenden als eine Bewusstseinsform begriffen werden, die mittels der Verknüpfung von Wahrnehmung und Denken kreative Erfahrungen erlaubt (ROBERTZ 2004: 28). Dabei ist der Grad der Intensität bzw. die Kontrolle über diese Fähigkeit veränderlich. Das Erleben der Realität und somit auch die Handlungen eines Menschen prägt er ebenso, wie dies auch durch die inhaltlichen Ausrichtungen der Phantasie geschieht (ebd.).

3.2.2 Phantasie

Will man Tötungen durch Jugendliche erklären, so stoßen auch diese Ansätze an ihre Grenzen. Insbesondere die Frage, wodurch die Idee zu einem School Shooting entsteht und warum einzelne Jugendliche diese Idee tatsächlich umsetzen, kann so nicht geklärt werden (ROBERTZ 2004: 149).

Für dieses Anliegen, erscheint es zielführender, das Individuum mit seinen ureigensten Handlungsmotivationen bzw. die Bedeutung der eigenen Handlung zu hinterfragen. In wissenschaftlichen Analysen und der öffentlichen Diskussion wird sporadisch versucht, derartige Themen aufzugreifen. Bisweilen wird behauptet, dass der Jugendliche die Tat in seiner Phantasie generieren und durch spielen würde, bevor es zur Umsetzung einer Tötungshandlung kommt (ebd.). Es liegt die Vermutung nahe, dass die Phantasie zur Zeit noch weitgehend als eine Art Pflaster benutzt wird, um einen ungeklärten Aspekt des Phänomens notdürftig mit einem weit zu verstehenden und mehrdeutigen Begriff zuzudecken.

Trotz dieser vagen Begriffsnutzung erscheint der Hinweis auf die Phantasie als ein logischer und vielversprechender Weg auf der Suche nach Möglichkeiten zur Erfassung von Handlungsmotivationen jugendlicher School Shooter (a. a. O.: 150).

Im folgenden Abschnitt soll die begriffliche Verwirrung durch eine Darstellung des Phantasiekonzeptes aufgelöst werden, und eine Modifizierung der bisherigen Betrachtungsweise erfolgen, um somit die Lücke im Erklärungsgefüge zu schließen.

3.2.2.1 Phantasie im Kontext jugendlicher School Shooter

Als außerordentlich bedeutend für das Verständnis der Phantasien von School Shootern erweist sich ein sehr spezifisches Phantasieerleben dieser jugendlichen Delinquenten. Ihre Vorstellungswelt ist in der Regel von besonders gewalthaltigen Inhalten erfüllt und geprägt. In Extremsituationen kann die Wahrnehmung ihrer Phantasie sogar so intensiv werden, dass sie zum kurzzeitigen Kontrollverlust über die eigene Vorstellungswelt führt (ROBERTZ/WICKENHÄUSER 2007: 76). In einen solchen Fall verschwimmt die Grenze zwischen Realität und Phantasie. Die Jugendlichen sind kurzzeitig nicht in der Lage festzustellen, ob sie gerade in ihrer Phantasie oder in der Realität handeln.

Ebenso kann aber diese Grenze auch willentlich durchbrochen werden, indem eine destruktive Phantasie erst teilweise und in Einzelfällen auch gänzlich in die Realität umgesetzt wird. Ursprünglich nur vage negativ ausgerichtete Ideen Jugendlicher können in ihrer Intensität und Gewalttätigkeit unter bestimmten Voraussetzungen derart stark werden, dass sie sich zu einer fatalen und mitunter tödlichen Handlung entwickeln (ebd.). Da Handlungen ihren individuellen Sinn in der persönlichen Vorstellungswelt erhalten, ist die von Denken und Fühlen beeinflusste Phantasie ein Schlüssel zur Handlungsmotivation eines Individuums. Das Wissen über konkrete Phantasien eines Menschen ermöglicht teilweise die Nachvollziehung des Sinns ihrer Handlungen. Dies kann recht gut antizipiert werden, wenn ein Erfahrungsbereich der betreffenden Person dem Betrachter nahe ist. Ein Rachewunsch, z.b. eines Elternteils im Bezug auf den Mörder des eigenen Kindes, erscheint zumindest ansatzweise verstehbar zu sein (ebd.). Liegen jedoch die einzuschätzende Phantasie und die gemeinsam geteilte Realität zu weit voneinander entfernt, so können die eigenen Wertmaßstäbe und Erfahrungen nicht in ausreichendem Maße genutzt werden, um sinnvolle Handlungsmotivationen zu erkennen. Handlungen, die auf allzu abwegigen Phantasien beruhen, sind zwar für die Person selbst sinnvoll, aber in der Regel für Dritte nicht ohne weiteres nachvollziehbar. Die Analyse solcher Vorstellungen gestaltet sich als überaus schwierig, weil ihre Inhalte sehr individuell und persönlich sind, und sie daher von dem Täter zumeist nicht mitgeteilt werden wollen (ebd.).

Erschwerend kommt hinzu, dass jugendliche School Shooter sich im Anschluss an ihre Tat suizidieren. Ihre Phantasien bleiben somit eine sehr individuelle und von Außenstehenden zumeist abgeschottete Erfahrung.

Um dennoch intensiv-destruktive Phantasien bestmöglich nachvollziehen zu können, muss sich daher ihrer kreativen Ausdrucksmöglichkeiten bedient werden, wie z.B. Tagebucheinträge, Zeichnungen oder auch Videoaufnahmen. Hiermit ist es möglich, wenn auch nicht umfassend, einen Einblick in das Innenleben des Täters zu erhalten (ebd.).

3.2.2.2 Kontrollierte Phantasien und Phantasien über Kontrolle

In den veröffentlichten Aussagen der jugendlichen Täter finden sich häufig wiederkehrende Grundbestandteile bestimmter Phantasien (ROBERTZ/WICKENHÄUSER 2007: 82). Der amerikanische Soziologe Jack Katz beschäftigte sich mit der Darstellung der Kernelemente solcher Gewaltphantasien. Er hinterfragte die Handlungsmotivation sowie die Bedeutungszuschreibungen von Straftätern aus einer anderen Sichtweise. Statt nur positivistisch die Ursachen einer Straftat in äußeren Bezügen zu suchen, analysierte er sensuelle und individuell motivierende Faktoren von abweichenden Handlungen. Hierbei fand er heraus, dass in konkreten Tatsituationen eine „Verführung" zur Tat wirksam wird, die auf den individuellen inneren Einstellungen einer Person beruht (ebd.). Katz greift das Konzept der Phantasie nicht explizit auf, tangiert es aber durch seine Überlegungen der „Verführung zum Verbrechen". Zur Entschlüsselung der Täterphantasien interessiert ihn im Zusammenhang mit Tötungsdelikten vor allem, was der Täter durch die Tötung beabsichtigte, wie er selbst die Opfer und die Tatsituation auffasste, und welche kognitive Erfahrung die Verführung zur Tat hervorrief (ebd.).

Für den Zusammenhang von School Shootings ist in erster Linie die Tötungsdynamik relevant. Die Täter entwickeln dabei, der Ansicht Katzs nach, eine narzisstische Allmachtsphantasie, in denen sie sich quasi gottgleich als Herrscher über Leben und Tot sehen. Durch ihre Kleidung und auch Sprache tragen sie zur Schau, dass es negative Konsequenzen haben könnte, wenn sich ihnen jemand in den Weg stellt. Mit ihrem normabweichenden Verhalten versuchen sie Selbstachtung zurückzugewinnen, die sie, aus ihrer Sicht, zuvor verloren hatten. Sie stellen sich über die Gesellschaft, von der sie sich unterdrückt fühlen und zeigen demonstrativ, dass sie nicht kontrolliert werden können (ebd.). Durch die Verletzung der höchsten zivilgesellschaftlichen Norm keinen Menschen zu töten, erheben sie sich subjektiv über die Gesellschaft. Dabei geht es ihnen nicht um die Erreichung eines tatinhärenten Zieles, wie z.B. der Verdeckung einer anderweitigen Straftat oder Entledigung eines Zeugen. Vielmehr demonstrieren sie ihre Macht und konstruieren die selbstüberhöhende Phantasie einer Gottheit (a. a. O.: 83).

Auch wenn das Konzept von Jack Katz sich in erster Linie auf generelle, grausame und sinnlos erscheinende Tötungsdelikte bezieht und nicht speziell auf School Shootings fokussiert ist, findet sich die beschriebene Phantasieausprägung gerade bei besonders intensiven und langfristig weiterentwickelten Gewaltphantasien dieser jugendlichen Täter (ebd.).

Eine Tötung zur Stärkung des Selbstbildes findet nicht in beliebigen Situationen statt. Vielmehr muss die Tatsituation den Vorstellungen des Täters entsprechen. Die individuelle Relevanz der jeweiligen Situation hängt dabei von persönlichen Bewertungen ab. Diese wiederum begründet sich, wie es das psychoanalytische Phantasiebild zeigt, nicht zuletzt auf weiteren individuellen Phantasievorstellungen (ebd.).

Hieraus ist nun zweierlei ersichtlich. Zum einen hat der Ort des Tötungsdeliktes eine bewusste oder unbewusste Bedeutung für den Täter, Schulen werden, wie auch schon durch die Kontrolltheorien verdeutlicht, nicht zufällig als Ort dieses Verbrechens ausgewählt. Zum anderen bedingt die Individualität einer von gesellschaftlichen Zuschreibungen weit abweichenden Phantasie, dass die Taten von außen nicht mit Sinngehalt versehen werden können und konsequenterweise von der Gesamtbevölkerung als irrational angesehen werden (ebd.).

Werden die Kerngedanken von Katz noch stärker auf jugendliche School Shooter übertragen, dann ist festzustellen, dass die Rückgewinnung von Kontrolle ein inhaltliches Hauptelement der Phantasien der Täter darzustellen scheint. Wie bereits dargestellt ist aus amerikanischen Studien bekannt, dass sich die Täter oftmals ungerecht behandelt fühlten und an ihren Schulen häufig Opfer von belastenden Schikanierungen waren (ebd.). Vor dem Hintergrund einer spezifischen Sozialisation lässt der subjektiv wahrgenommene soziale Statusverlust des Erniedrigten die Tötungen, auch aus Katz´s Sicht, als verzweifelte Versuche erscheinen, Kontrolle über die eigene soziale Identität wiederzugewinnen. Der Wille des Täters wird der Situation, dem Opfer und dem Umfeld mit Gewalt aufgezwungen (ebd.). Ein zuvor erlebtes Kontrolldefizit des Täters soll dem Gefühl absoluter Kontrolle weichen. Auch bei Harris und Klebold, die beiden Täter des School Shootings an der Columbine High School in Littelton, finden sich Aussagen, die vor diesem Hintergrund durchaus als beispielhafte Belege für den Versuch einer Wiederherstellung dieses Defizites gedeutet werden können (ebd.).

Verbunden mit der in den Studien belegten depressiven Symptomatik bei den jugendlichen Tätern ergeben sich daraus mitunter suizidal-homizidale Vermischungen. Die subjektive Verletzung und Hoffnungs- bzw. Perspektivlosigkeit führt oft zu dem Versuch, die eigene Misere mit einem bleibenden Eindruck zu beenden (ebd.). So wird die Tat von den Jugendlichen regelrecht inszeniert. Ihr Wunsch nach Medienpräsenz wird dabei in der Regel erfüllt. Aus dem Tief ihres Lebens heraus erreichen sie durch ihre Tat eine Bekanntheit, die ihnen ansonsten wohl nie zuteil geworden wäre. Zwar wird dieser Status von der Mehrheit der Gesellschaft negativ konnotiert, doch bedient er die Phantasien einzelner Schüler in ähnlichen Lebenslagen und die Täter erreichen bei diesen eine subkulturelle Anerkennung, die bereits im Vorfeld der Tat in ihrer Phantasie antizipiert und genossen werden kann (a. a. O.: 84). Die jugendlichen Delinquenten werden dabei Akteure eines medieninszenierten Fortsetzungsschauspiel. Obwohl es vor ihnen analoge Taten gegeben hat und auch nach ihrer eigenen Tat weitere ähnliche Vorkommnisse geben wird, können sie für immer ein recherchierbarer Teil dieses Phänomens werden. Um den Anschluss an die Serialität der School Shootings zu gewährleisten, gleichen sie ihre Kleidung, Waffen und Tatdaten an vorangegangene Vorfälle an. Sie treten sogar in Konkurrenz miteinander, indem sie z.B. mehr Opfer erzielen als bei anderen Taten (ebd.).

Bezüglich der von Katz hervorgehobenen Relevanz der sensuellen Wahrnehmung sei zumindest noch auf die Bedeutung der Waffe selbst hingewiesen. Vordergründig stellt sie ein technisches Machtmittel dar. Von dem Geruch und der Berührung einer Schusswaffe geht für Jugendliche eine nicht unerhebliche Faszination aus. Ihr Besitz und ihre Beherrschung verheißt Macht und die Möglichkeit, den eigenen Willen durchzusetzen. Gewaltphantasien werden hierdurch angeregt und verfeinert, denn es lässt sich dank der beim Schießen gesammelten Eindrücke leichter phantasieren, wie es wäre, eine Waffe tatsächlich gegen Menschen zu richten (ebd.).

3.2.2.3 Phantasieintensität

Das alles sagt aber nur etwas über die möglichen subjektiven Bedeutungen und Inhalte von Gewaltphantasien aus. Um etwas über die Auslösung und Umsetzung zu erfahren, kann eine von Robert K. Ressler, Ann W. Burgess und John E. Douglas publizierte Studie, „Sexual Homicide - Patterns and Motives", aus dem Jahre 1988 herangezogen werden. Sie untersuchten anhand von 36 erwachsenen ein- und mehrfachen Sexualmördern, den Ansatz zur Rolle von Phantasie bei Tötungsdelikten (ROBERTZ/WICKENHÄUSER 2007: 84).

Als Kernaspekt der Tätermotivation stellten sie, ein extrem intensives und durch gewalttätig-sexualisierte Inhalte bestimmtes Phantasierleben fest und differenzierten die Entwicklung und Ausgestaltung dieser spezifischen Form des Erlebens aus. Die von ihnen modellhaft dargestellte Entwicklung einer obsessiven und letztlich von den Tätern kaum kontrollierbaren Phantasie der untersuchten Sexualmörder gilt bis heute als revolutionäre Sichtweise (ebd.).

Ressler zufolge entstehen auf der Basis von schwerwiegenden psychosozialen Schädigungen in Kindheit und Jugend, z.B. wie dem Miterleben oder Erleiden von sexuellem Missbrauch verbunden mit einem unzureichend funktionierenden und kontraproduktiv handelnden sozialen Umfeld, bestimmte Reaktionsmuster. Diese Muster können die Ausformung einer destruktiven Phantasie begünstigen. Besonders relevant sind in diesem Zusammenhang so genannte problematische Charakterzüge, u. a. chronisches Lügen, Aufsässigkeit oder auch eine Anspruchshaltung mit negativ besetzten Aufzeichnungs- bzw. Verarbeitungsprozessen des Kindes. Bei späteren Sexualmördern führt dies zu einer Phantasiewelt, die von Schmerz, Tod und Rachewünschen erfüllt ist. Sie dient der Befriedigung von Wünschen, die in der Realität nicht umsetzbar erscheinen und wird vor anderen Menschen verborgen (ebd.). Mit der Zeit entsteht eine zunehmende

Abhängigkeit von der phantasierten Bedürfnisbefriedigung, und es werden immer intensivere Befriedigungsmöglichkeiten benötigt. Beim Versuch, diese zu intensivieren, kommt es im weiteren Verlauf zu ersten Erprobung der Phantasien in der Realität (ebd.).

So genannte Rückkopplungsfilter, wie z.b. die Entwicklung von Rechtfertigungsstrategien oder die Entdeckung einer stärkeren Erregung durch die Einbeziehung neuer Elemente in die Phantasie, führen zu einer weiteren Verstärkung der Selbstbezüglichkeit (a. a. O.: 84). Wird die Entwicklung nicht unterbrochen, so weiten sich die Simulationsgrenzen immer weiter aus und können schließlich zur ersten Tötung führen. Auch diese Erfahrung wird in die wunscherfüllenden Phantasievorstellungen integriert. Trophäen von Opfern oder dem Tatort dienen der Intensivierung der Erinnerung. Wenn auch diese Stimulierung nicht mehr ausreicht, kommt es zu Folgetaten und einem beständigen Verfeinern der Vorstellungen und der Vorgehensweise (ebd.).

Als besonders interessant erweisen sich die Betonung der individuellen Ausprägungen der Phantasieintensität durch Ressler und seine Kollegen. Ihrer Meinung nach basiert das Intensitätserleben auf der Fähigkeit, bestimmte Gedanken als Tagtraum, oder nach Freud als bewusste Phantasie, zu erkennen, ihren Inhalt zu strukturieren und diesen Inhalt im Nachhinein erinnern zu können. Wenn die Phantasie in Ausnahmefällen eine derart hohe Intensität erreicht, dass der von ihr ausgehende Druck nicht mehr aushaltbar ist, kann es zum Kontrollverlust kommen, dessen extremste Form die ungesteuerte Realisierung der Phantasie darstellt. Ob dies nur für sexuelle Mehrfachmörder oder sehr eingeschränkt für School Shooter gilt, ist umstritten (ebd.).

Es existieren jedoch aufschlussreiche Theorien, die eine Steuerungsfähigkeit zum Tatzeitpunkt auch bei einem jugendlichen School Shooter als eingeschränkt ansehen. Hier wäre es nötig, dies durch tiefenpsychologische Studien zu untersuchen, um mehr über die möglichen Kontrollverluste zu erfahren.

Die konkreten Phantasieinhalte sind keineswegs festgeschriebene und konstante Ausprägungen einer individuellen Vorstellungswelt. Die jeweiligen Themen entwickeln sich in dynamisch formbaren Verläufen fort (ebd.). Zur Beibehaltung oder Erhöhung der Erregungsstufe müssen die Phantasievorstellungen ständig erweitert werden und an Ideenreichtum und Intensität zunehmen. Entsprechende Anregungen finden sich in Erfahrungen mit der sozialen Umwelt, aber auch in virtuell oder medial wahrgenommenen Inhalten. Hierbei lässt sich feststellen: Eine destruktive Phantasie wird sich umso eher gewalttätigen Denk- und Spielmustern manifestieren und umso eher Realisierung von

Teilaspekten der Phantasie in der Realität drängen, je intensiver die Inhalte sind. Dies kann sogar dazu führen, dass sich die Erlebnispriorität verschiebt, d.h. die Phantasie wird dann nicht mehr zur Verbesserung der Realität benutzt, sondern die Realität zur Optimierung der Phantasie (ebd.).

Zweifellos ist die Erkenntnis bedeutend, dass die Phantasie eine große Bandbreite verschiedener Intensitäten entwickeln kann. Während sie vom harmlosen und jederzeit kontrollierten Zeitvertreib bis hin zu einer obsessiv-zwanghaften Ausprägung reichen kann, bestimmt sie bei späteren Mehrfachsexualmördern nach Ressler dauerhaft das Denken und Verhalten, und zwar so sehr, dass sie sich über höchste normative Tabus hinwegsetzen und den freien Willen einschränken kann. Ebenso erweist sich der Fokus auf typische Inhalte als wichtige Betrachtungsweise. Während die Phantasie von Sexualmördern jedoch aufgrund ihrer spezifischen Entwicklung zu weiten Teilen von Sexualität, Tod und Dominanz bestimmt ist, finden sich bei School Shootern eher Schwerpunktsetzungen im Bereich der Kontrolle Macht und Gewalt (ebd).

3.2.2.4 Geteilte Phantasien

Der amerikanische Psychologe Al Carlisle stimmt weitgehend den bislang skizzierten Ansichten zur Phantasie zu. Jedoch sind die Ursprünge einer intensiv-destruktiven Phantasie bei School Shootern seiner Ansicht nach nicht wie bei Serienmördern primär in Misshandlungs- und Missbrauchserfahrungen zu suchen, sondern es genügt bereits das, wenn auch einschneidende, Erleben des Gefühls des Unglücklichseins (ROBERTZ/ WICKENHÄUSER 2007: 85).

Als anfällig für die Entwicklung einer destruktiv geprägten Phantasie sieht er vor allem Jugendliche, die nicht in ihr soziales Umfeld eingebunden sind, die keine Möglichkeit sehen, auf herkömmlicher Weise soziale Anerkennung zu erhalten, die psychosoziale Schädigungen erlitten haben, und die sich bereits in ihrer Kindheit für Gewalt und Tod interessiert haben. Das soziale Band erweist sich dabei als zentraler Schutzfaktor (ebd.). Erst wenn es nicht im ausreichend funktionsfähigen Maße vorliegt, kann sich eine destruktive Phantasieausprägung manifestieren und intensivieren (a. a. O.: 86).

Dabei ist Carlisles Verständnis von Phantasien breiter angelegt und umfasst auch die bloße Antizipation von Handlungen. Interessanterweise betont er in diesem Zusammenhang, dass parallel zueinander stets verschiedene Phantasiebereiche vorliegen. So verfügt ein Jugendlicher gleichzeitig über Phantasien, wie z.B. seine schulische Laufbahn, seine sexuelle Orientierung und auch darüber, was unter einem sozial angemessenen

Verhalten zu verstehen ist (ebd.). In jedem unterschiedlichen Teilbereich versucht er sein Leben nach diesen Vorstellungen zu orientieren, während die jeweiligen Inhalte durchaus unterschiedlich geprägt sein können. Eine prosoziale Phantasie zu z.b. familiären Zielen kann durchaus gleichzeitig mit einer gewaltorientierten Phantasie zu schulischen Zielen bestehen.

Außerdem kann sich die eigentlich im hohen Maße individuelle Ausprägung einer Phantasie auch in einzelnen Aspekten an der Phantasie eines anderen Menschen oder einer Menschengruppe orientieren. Eine solche Kopplung lässt sich beispielsweise bei Eric Harris und Dylan Klebold aufzeigen, die ihre Vorstellungen immer weiter angeglichen und schließlich in der Realität umgesetzt haben (ebd.).

Es wird beschrieben, dass eine gewalttätige Phantasie zunächst aus Furcht vor der Ablehnung durch andere Menschen verborgen wird. Als konstante Möglichkeit der Selbstbestätigung wird sie stattdessen zunächst im Geheimen weiterentwickelt. Dabei kann es jedoch zu einem Teufelskreis kommen. Während die Phantasie fehlende soziale Kontakte ersetzen, führt die intensive Beschäftigung mit den Inhalten gleichzeitig zu einer weiteren Vernachlässigung des Versuchs, im realen Leben soziale Kontakte aufrechtzuerhalten bzw. aufzubauen. Dies wiederum lässt die Wirkung der Phantasie umso bedeutender erscheinen. Auch das Ansammeln weiterer Frustrationen stärkt die subjektive Bedeutung der phantasierten Bedürfnisbefriedigung (ebd.).

Mit beständig zunehmender Bedeutung der eigenen Phantasie muss einer Gewöhnung entgegengewirkt werden, um somit das Erleben zu intensivieren. Um dies zu erreichen, beginnt die Person damit, Materialien zu sammeln, die ihre Phantasieausrichtung anregen, wie z.B. Filme, Spiele oder Internetseiten mit gewalthaltigen Inhalten. Eine besonders intensive Stärkung der Phantasien kann zudem durch eine zunächst nur teilweise stattfindende Vermischung von Vorstellung und Realität gelingen. Indem Aspekte der Phantasie in den Alltag integriert werden, wie z.B. Zeichnungen oder Schriftstücke, wird sie realer und mächtiger (ebd.). Mit der Zeit wird es für den Jugendlichen interessanter, auch die expliziten Inhalte versuchsweise offen zu legen oder ihre Phantasien mit anderen Menschen zu teilen. Lehnen jene Menschen, denen sie sich offenbaren, solche destruktiven Vorstellungen nicht ab, sondern stützen oder übernehmen diese sogar, dann gewinnt die Phantasie erneut erheblich an Qualität und Bedeutung (ebd.)

Die Motivation, eine deviante Phantasie zu teilen und gemeinsam weiterzuentwickeln, kann dabei durchaus unterschiedlich begründet sein. Es existieren zwar meist verbindende Enttäuschungen über erlittene Frustrationen, doch kann es der Wunsch eines jungen Menschen sein, Rachephantasien auszuleben, während seine Bezugsperson mit der Ausgestaltung einer inhaltlich analogen Gewaltphantasie in erster Linie die Anerkennung des erstgenannten erreichen möchte. Das nach außen geheim gehaltene Wissen über die gemeinsamen Phantasien kann zu einem überhöhten Selbstbild und einer elitären Gruppenhaltung führen (ebd.).

3.2.2.5 Realisierung von Gewaltphantasien

Zunächst sind diese Gedankenspiele nicht notwendigerweise dafür gedacht, umgesetzt zu werden, doch durch zusätzliche Frustration in der Realität kann die Intensität dieser Phantasie noch weiter ansteigen und sich immer stärker hin zu einer Realisierungsabsicht entwickeln (ROBERTZ/WICKENHÄUSER 2007: 87). Carlisle zufolge sind die Jugendlichen in dieser Zeit innerlich zerrissen und unentschlossen. Nicht zuletzt müssen sie einige grundlegenden Aspekte klären, die auf einer oberflächlicheren Ebene nicht betrachtet werden mussten, wie z.b. die Möglichkeit des eigenen Todes, die Aufgabe aller prosozialen Zukunftspläne und Verbindungen, die Auswirkungen der Umsetzung auf das eigene Umfeld und die allen Menschen eigene Tötungshemmung (ebd.).

Während es anfänglich einfach sein mag, ein gewalthaltiges Gedankenspiel zu teilen, wird es immer schwieriger werden, je mehr die Phantasie an ihrer Umsetzung orientiert ist. Die alleinigen Gedankengänge führen zu keiner direkten Schädigung des Umfeldes. Je weiter die Phantasie eines anderen Menschen jedoch von den gesellschaftlichen Normen abweicht und je umsetzungsorientierter sie sich entwickelt, desto seltener wird es gelingen, diese Phantasie zu teilen. Spätestens dann, wenn noch eigene Perspektiven gesehen werden, die Tötungshemmung nicht überwunden werden kann oder wenn ein soziales Band besteht, das einen Menschen davon abhält, einen anderen Menschen zu töten, wird es einen Bruch in diesem Gefüge geben. Wenn bewusst wird, dass jemand seine Gewaltphantasien in die Tat umsetzen will, indem er z.B. Waffen beschafft und weitere Vorkehrungen trifft, wird die Tat bewusst oder unbewusst an Dritte mitgeteilt (ebd.).

In den meisten Fällen zeigt sich, dass einer tatsächlichen Umsetzung konkrete Auslöser vorangegangen sind. Hierbei handelt es sich oftmals um Versagung wichtiger Wünsche oder neuerliche gravierende Kränkungen. Besonders relevant dabei ist der Zusammenbruch und/oder die Bedrohung der letzten sozialen Bande, wie z.B. der Abbruch einer partnerschaftlichen Beziehung, fehlende Anerkennung von Mitschülern oder auch nur die Erwartung einer solchen Situation (ebd.).

3.2.2.6 Überreaktion

Diese unterschiedlichen Phantasien, selbst wenn sie Tötungen beinhalten, sind nicht per se als schädlich zu betrachten. Nahezu jeder Mensch wird zu einem bestimmten Zeitpunkt in seinem Leben schon aus psychohygienischen Gründen mit aggressiven Phantasien auf Versagungen und Frustration reagiert haben. Es kommt darauf an, den Stellenwert solcher Phantasien zu erkennen (ROBERTZ/WICKENHÄUSER 2007: 88).

Aus den bisherigen Ausführungen dürfte ersichtlich sein, dass jene umsetzungsorientierten schweren Formen intensiver Gewaltphantasien dann bedrohlich werden können, wenn sie das gesamte Leben durchdringen. Die Variablen Intensität, Ausprägung und Umsetzungswillen bestimmten letztlich gemeinsam, ob überhaupt eine Wahrscheinlichkeit besteht, dass ein Jugendlicher diese destruktiven Vorstellungen in der Realität umsetzen könnte (ebd.). Selbst dann müssen noch verschiedene weitere Faktoren hinzutreten, wie z.B. intensiv erlebte Versagungen, ein funktionsunfähiges soziales Umfeld und ein relevanter Auslöser für die Reaktion (ebd.).

Es darf aber nicht vernachlässigt werden, dass Gewaltphantasien zwar beachtet werden müssen, dass aber ein zu harsches und zu öffentliches Eingreifen unschuldige Kinder und Jugendliche zutiefst schädigen kann. Hierbei kann sich das aus der Kriminologie bekannte Etikettierungsphänomen ergeben. Demnach wird Abweichung von Normen auch durch Definitions- und Zuschreibungsprozesse von Instanzen sozialer Kontrolle, wie z.B. der Institution Schule, ausgelöst. Im schlimmsten Fall kann der Lebensweg eines Schülers erheblich geschädigt und dadurch eventuell ein neues Täterpotential erschaffen werden (a. a. O.: 89).

3.3 Nachahmungstaten und Trittbrettfahrer

Im Anschluss an Amoktaten mit großem Medienecho steigt die Quote der Trittbrettfahrer ebenso an wie die Quote von Nachahmungsversuchen und Nachahmungstaten (ROBERTZ/WICKENHÄUSER 2007: 95). Allein im Landkreis Rems-Murr wurden 48 Amokandrohungen innerhalb der ersten drei Wochen nach dem Amoklauf in Erfurt von der Polizei registriert. Auch nach der Amoktat im westfälischen Emsdetten kam es zu zahlreichen Amokdrohungen. So wurde beispielsweise der Polizei gemeldet, dass ein anonymer Spieler des Online-Spiels „Counter-Strike" per Chat einen Amoklauf in seiner Schule in Baden-Württemberg ankündigte, der am Nikolaustag stattfinden sollte (HOFFMANN/WONDRAK 2007: 71).

Da die Ernsthaftigkeit dieser Drohung zu diesem Zeitpunkt noch nicht einschätzbar war, hatte das baden-württembergische Kultusministerium daraufhin alle rund 4.800 Schulen im Land gewarnt sowie die Öffentlichkeit. Als Konsequenz wurden verstärkt Polizeistreifen eingesetzt und einige Schulen sogar an diesem Tag geschlossen. Die öffentliche Meldung führte zu einer großen Verunsicherung in der Bevölkerung. Dieses hohe Maß an öffentlicher Aufregung führte dazu, dass Jugendliche sich zu weiteren Drohungen hinreißen ließen. Allein in Baden-Württemberg wurden mehr als zehn Jugendliche verhaftet und innerhalb weniger Tage zu Jugendarrest verurteilt (ebd.).

Bei einer Amokdrohung steht der Wunsch im Vordergrund, einmal im Mittelpunkt der öffentlichen Aufmerksamkeit zu stehen. Für die Mehrzahl dieser sog. Trittbrettfahrer kommt es nicht in Frage, eine solche Tat wirklich umzusetzen, sie haben lediglich den Wunsch, die Schlagzeilen des Tages zu prägen und sich dabei machtvoll zu fühlen (ROBERTZ/WICKENHÄUSER 2007: 95). Hier zeigt sich auch die enorme Medienwirkung. Den Schülern wird wiederholt in der Presse vorgeführt, dass sie durch gezielte Worte an der richtigen Stelle für die Schließung einer Schule und ein enormes Polizeiaufgebot sorgen können (a. a. O.: 96).

Nach § 126 des Strafgesetzbuches begehen Trittbrettfahrer durch Amokandrohungen eine „Störung des öffentlichen Friedens durch Androhung von Straftaten", was mit einer Freiheitsstrafe bis zu drei Jahren oder mit Geldstrafe geahndet werden kann (ebd.). In Deutschland wird bei Jugendlichen jedoch das Jugendstrafrecht angewendet, so dass statt hoher Gefängnisstrafen eher kurzzeitige Arreststrafen von wenigen Wochen oder Wochenenden verhängt werden (HOFFMANN/WONDRAK 2007: 71).

§ 241 StGB Bedrohung

(1) Wer einen Menschen mit der Begehung eines gegen ihn oder eine ihm nahe stehende Person gerichteten Verbrechens bedroht, wird mit Freiheitsstrafe bist zu einem Jahr oder mit Geldstrafe bestraft.

(2) Ebenso wird bestraft, wer wider besseres Wissen einem Menschen vortäuscht, dass die Verwirklichung eines gegen ihn oder eine ihm nahe stehende Person gerichteten Verbrechens bevorstehe.

§ 126 StGB Störung des öffentlichen Friedens durch Androhung von Straftaten

(1) wer in einer Weise, die geeignet ist, den öffentlichen Frieden zu stören, (...) einen Mord (§ 211), Totschlag (§ 212) (...) androht, wird mit Freiheitsstrafe bis zu drei Jahren oder mit Geldstrafe bestraft.

(2) Ebenso wird bestraft, wer in einer Weise, die geeignet ist, den öffentlichen Frieden zu stören, wider besseren Wissens vortäuscht, die Verwirklichung einer in Absatz 1 genannten rechtswidrigen Taten stehe unmittelbar bevor.

Die Gefahr die von Nachahmungstätern ausgeht, ist im Gegensatz zu den Trittbrettfahrern sehr groß. Die Gewaltphantasien von Nachahmungstätern sind umsetzungsorientiert. Nachahmungstäter verfügen zudem über sehr viel intensivere und destruktivere Phantasien als Trittbrettfahrer. Da sich der Inhalt und die Intensität der Phantasien nicht äußerlich erkennen lassen, ist es notwendig, sich intensiv mit drohenden Jugendlichen zu beschäftigen, sowie durch Gespräche und Analysen die Hintergründe ihrer Drohungen zu erschließen (ebd.).

3.4 Medien

3.4.1 Medienwirkung

Für eine effektive Analyse von Wirkungsstudien müssen vielfältige Aspekte berücksichtigt werden, wie die Medienart, Mediendarstellung, Art des Medienkonsums, ebenso auch Persönlichkeit, Gemützustand und soziale Situation des Betrachters (ROBERTZ/ WICKENHÄUSER 2007: 52).

Einige zusammenwirkende Einflussfaktoren sind:

- Medieninhalte
  - o Ausmaß und Grad der expliziten Darstellung von Gewalt
  - o Attraktivität des Gewalttäters
  - o Rechtfertigung von Gewalt
  - o Konsequenzen für den Täter
  - o Negative Auswirkungen für das Opfer
  - o Realitätsgehalt der Darstellung
- Person
  - o Alter und Geschlecht
  - o Sozioökonomischer Status

  o Intellektuelle Fähigkeiten

  o Persönlichkeitseigenschaften

 • Soziales Umfeld

  o Einflüsse von Familie

  o Einflüsse der Schule

  o Einflüsse der Gleichaltrigengruppe

  o Reale Gewalterfahrungen

Dadurch wird deutlich, dass weder alle Medieninhalte gleich wirken, noch jeder Nutzer der Medieninhalte von bestimmten Effekten betroffen ist (ROBERTZ/WICKENHÄUSER 2007: 54). Gemeinsames Ergebnis aus wissenschaftlichen Erkenntnissen in den Bereichen Filme, Musik, Internet und Computerspiele ist, dass der Konsum von Mediengewalt nie unweigerlich zu gewalttätigem Verhalten führt, da in den komplexen Entstehungsbedingungen von Gewalttaten die Mediengewalt nur eine von vielen Faktoren bilden kann (ROBERTZ/WICKENHÄUSER 2007: 68).

Eine große Menge an Studien geht zwischenzeitlich dazu über, unterschiedliche Sichtweisen und Hypothesen nebeneinander zu stellen und ihre jeweilige Glaubwürdigkeit separat zu erforschen (ROBERTZ/WICKENHÄUSER 2007: 53). Dabei werden vor allem die in der folgenden Übersicht dargestellten Strömungen berücksichtigt.

 • *Habitualisierungshypothese:*

  Durch ständigen Konsum von gewalthaltigen Medieninhalten nimmt die Sensibilität gegenüber der Gewalt auch in der Realität ab. Aggression wir dann als normales Alltagsverhalten angesehen.

 • *Erregungshypothese:*

  Realitätsnahe Gewaltdarstellungen führen beim Betrachter zu einer emotionalen Erregung. Je nach Umgebungsbedingungen kann dies aggressives Verhalten zur Folge haben.

 • *Stimulationshypothese:*

  Ähnlich der Erregungshypothese wird die Bereitschaft gefördert, bei Frustrationen selbst aggressiv und gewalttätig zu handeln. Zudem können Gewaltdarstellungen in solchen kritischen Situationen auch als Auslöser wirken.

 • *Suggestionshypothese:*

  Die Beobachtung von medialer Gewaltdarstellung führt zur direkten Nachahmung in der sozialen Realität.

- *Lerntheoretische Überlegungen:*

  Menschen können aus dem Beobachten gewalttätiger Verhaltensweisen in Mediendarstellungen lernen und das Erlernte bei Bedarf anwenden.

- *Medienspezifische Katharsishypothese:*

  Eine angeborene Aggression des Menschen wird verringert, indem an fiktiven Modellen beobachtete Gewaltakte in der Phantasie nachvollzogen werden. Das Miterleben von Gewalt führt dadurch zur „Reinigung" von Aggression.

- *Reaktionshypothese:*

  Ähnlich der Katharsishypothese kann es zu einer Abfuhr aggressiven Potenzials kommen. Zudem kann Angst zu einer Vermeidung aggressiver Haltungen führen.

- *Rechtfertigungshypothese:*

  Mediengewalt dient zur nachträglichen Rechtfertigung von Gewaltanwendung.

- *Hypothese der Wirkungslosigkeit:*

  Gewalt in den Medien hat überhaupt keine Wirkung.

3.4.2 Medienverantwortung

Da simple Verbote des Medienkonsums real oft nicht durchsetzbar sind, ist hier zumindest unterstützend auch an eine Stärkung der Medienkompetenz und -verantwortung zu denken (ROBERTZ/WICKENHÄUSER 2007: 68).

Das Kriminologische Forschungsinstitut Niedersachsen (KFN) fordert unter anderem, statt eines praktisch kaum durchsetzbaren strafrechtlichen Verbotes einen rechtlich leichter umsetzbaren Weg zu wählen, indem die Kompetenzen der BPjM gestärkt werden. Damit soll eine effektivere Indizierung kritischer Spiele möglich und das Spiel nicht offen beworben werden (ebd.). Darüber hinaus kann es sinnvoll sein, den bestehenden § 131 StGB auszuschöpfen, indem die Umsatzmöglichkeiten durch die Eindämmung der Marktchancen kritischer Spiele geringer werden (ebd.).

Da die Medien nach einer Amoktat einen sehr hohen Einfluss auf sogenannte Trittbrettfahrer haben können, wurden folgende Richtlinien zur Presseberichterstattung bei Amokläufen festgelegt:

- Keine vereinfachenden Erklärungen für Handlungsmotivationen anbieten
- Auf die Folgen der Tat fokussieren
- Keine Romantisierungen verwenden und keine Heldengeschichten erzählen
- Den Tathergang nicht zu konkret aufzeigen

- Täterphantasien und emotionales Bildmaterial nicht zu anschaulich darstellen (ROBERTZ/WICKENHÄUSER 2007: 99).

3.4.3 „Killerspiele"

Die meisten sog. Ego-Shooter besitzen zwar entweder keine Jugendfreigabe oder eine Freigabe ab 16 Jahren, doch können durch Raubkopien, Internet-Downloads und problemlosen Import aus dem Ausland auch Jüngere Zugang zu den Spielen bekommen (ROBERTZ/WICKENHÄUSER 2007: 66).

Altersfreigabe der USK:

- Ab 16 Jahren:

  Rasante bewaffnete Action, die sich gegen Spielfiguren richtet, aber auch Spielkonzepte, die fiktive oder historische kriegerische Auseinandersetzungen atmosphärisch nachvollziehen lassen. Eine gewisse Reife des sozialen Urteilsvermögens und der kritischen Reflektion erscheint erforderlich.

- Keine Jugendfreigabe, also ab 18 Jahren:

  Der Inhalt kann die Entwicklung von Jugendlichen zu einer eigenverantwortlichen und gemeinschaftsfähigen Persönlichkeit beeinträchtigen. Der Tatbestand der „Jugendgefährdung" im Sinne des Jugendschutzgesetzes darf nicht erfüllt sein.

3.5 Freizeitgestaltung

3.5.1 Paintball

Paintball ist eine Teamsportart, bei der die Spieler sich mit Luftdruckpistolen beschießen. Die Munition besteht aus mit Lebensmittelfarbe gefüllten Gelatinekugeln, so dass Treffer an der Kleidung des Gegners gut erkannt werden können. Durch die Kugeln können Verletzungen im Gesicht entstehen, daher werden auf dem Spielfeld Schutzmasken mit einem Kunststoffglasvisier getragen (ROBERTZ/WICKENHÄUSER 2007: 166).

3.5.2 AirSoft (AS)

Das AirSoft-Spiel hat dasselbe Grundprinzip wie Paintball. Nach einem Treffer werden gegnerische Spieler aus dem Spiel genommen, als Munition werden jedoch Plastikkugeln verwendet. Auch bei diesem Spiel müssen Schutzbrillen getragen werden. Die Spielgeräte sind noch mehr als bei Paintball echten Waffen nachempfunden, wobei oft großer Wert auf die Details, wie z.B. Gewicht, Zielvisiere usw. gelegt wird. Die Gewerkschaft der Polizei fordert aufgrund der starken Ähnlichkeit zu scharfen Schusswaffen ihr Verbot (ROBERTZ/WICKENHÄUSER 2007: 166).

3.6 Fallbezogene Erklärungsansätze Emsdetten

3.6.1 Täterprofil

Zunächst muss berücksichtigt werden, dass immer ein ganzes Bündel von Motiven in eine Amoktat einfließt. Somit ist ein Amoklauf das Ergebnis zahlreicher zusammenwirkender Faktoren. Es gibt also kein eindeutiges Profil, an dem potenzielle Täter im Vorfeld eines Amoklaufs eindeutig erkannt werden können. Dennoch lassen sich Risikofaktoren und Problemlagen feststellen, die im Rahmen einer Bedrohungsanalyse auf potenzielle Probleme hindeuten (ROBERTZ/WICKENHÄUSER 2007: 25).

3.6.1.1 Alter

Im Falle des School Shootings von Emsdetten war der Täter 18 Jahre alt. School Shootings werden zumeist von Jungen im Alter von 14 bis 17 Jahren verübt (HOFFMANN/WONDRAK 2007: 13). Etwa zwei Drittel aller Täter haben einen Altersdurchschnitt von 16 Jahren (ebd.).

Laut einer Studie der Berliner Verhaltensforscherin Christiane Tramitz steigt mit zunehmender Pubertät auch die Angst vor der Zukunft, worauf Jugendliche oft mit Resignation und Depression reagieren (SPIEGEL 2009: 42).

„Fast alle 14- bis 15-Jährigen, mit denen Tramitz sprach, leiden unter diffusen, wellenartigen Depressionen. `Viele malen sich ihre eigene Beerdigung aus` - auch das sei der Spiegel einer `unglaublichen Sehnsucht nach Liebe`. Und ein Moment der Rache stecke darin: `Jetzt bestrafe ich euch dafür, dass ihr mich nie verstanden habt`.

Wie jedes andere Verhalten sind natürlich auch diese anstrengenden Gemütszustände während der Pubertät Ausdruck von Aktivität im Gehirn. Es erfährt nun einen zweiten großen Reifeschub, der im Idealfall dazu führt, dass sich der Mensch sozial angemessen verhalten kann. Auf dem Weg dorthin wird das Geflecht der neuronalen Netze neu geordnet. Die Folge ist ein „Chaos auf der Baustelle": Die Amygdala, eine Art Gefühlszentrum im Gehirn, braucht jetzt stärkere Reize, um Erlebnisse als positiv zu bewerten, gleichzeitig kann sie negative Gefühle schlechter kontrollieren." (ebd.).

Die Zeit der Jugend ist verbunden mit der Suche nach der eigenen Identität und der Rolle in der Gesellschaft. In dieser Lebensphase ist der Wunsch nach Anerkennung und Verständnis besonders groß. Die Beziehung zu Gleichaltrigen, der so genannten „peergroup", bekommt durch die Loslösung von der Familie eine besondere Bedeutung. Die Motivation zur Begehung von Straftaten kann also durchaus in dem Versuch begründet sein, die Gleichaltrigengruppe zu beeindrucken (ROBERTZ/WICKENHÄUSER 2007: 26). Erschwerend kommt hinzu, dass sich in dieser Zeit die Geschlechtscharakteristika, motorische und intellektuelle Fähigkeiten entwickeln, was wiederum Auswirkungen auf das Selbstvertrauen, das Selbstbild und die Stimmungen Jugendlicher hat und zu einem veränderten Erleben von Beziehungen führt (ebd.).

Jugenddelinquenz ist demnach nicht per se ein Indikator für eine dahinterliegende Störung oder für Erziehungsdefizite. Das abweichende Verhalten trägt beispielsweise dazu bei, sich von den Eltern und anderen Autoritäten zu lösen, den Selbstwert zu bestätigen und jugendtypische Ziele zu erreichen (GUGEL 2010: 165).

3.6.1.2 Geschlecht

Laut dem Münchner Jugendpsychiater Franz Joseph Freisleder, der als Gerichtsgutachter mit gewalttätigen Jugendlichen zu tun hat, sind Männer eher gefährdet, eine Gewalttat zu verüben, als Frauen, weil das Hormon Testosteron sie aggressiver macht (SPIEGEL 2009: 44). Auch im Falle des School Shootings von Emsdetten war der Täter Sebastian B. männlich. Zudem reagiert ein Mann offensiv auf Konflikte und nicht mit Rückzug. „Im Verhältnis zu Männern und Jungen ist der Anteil von Frauen und Mädchen, die getötet haben, sehr gering" (ROBERTZ 2004: 52 f.). Als Grundtendenz wird deutlich, dass Tötungskriminalität durch Frauen und Mädchen stark unterrepräsentiert ist. Um der eigenen Peer-Gruppe die jugendliche Männlichkeit zu beweisen und voll anerkannt zu werden, müssen durch spektakuläre Handlungen Kampfbereitschaft und Mut demonstriert werden (GUGEL 2010: 166).

Laut mehreren Studien durch Holinger et al. wird vermutet, dass Mädchen in der Regel über bessere sozial-kognitive Fähigkeiten wie Empathie, Altruismus usw. verfügen (zit. n. ROBERTZ 2004: 56). Sie könnten sehr viel erfolgreicher als Jungen ihr soziales Umfeld benutzen, um kommunikativ über negative Empfindungen hinwegzukommen. Jungen agieren ihre Probleme eher durch Handlungen aus (ebd.).

Der Jugendpsychiater Freisleder beobachtet allerdings, dass auch Mädchen zunehmend gewaltbereit würden, und sich die Rollenbilder angleichen, wodurch es irgendwann auch Amokläuferinnen geben wird (ebd.).

3.6.1.3 Einzelgängertum

Bei den meisten School Shootern wurde festgestellt, dass sie introvertierte Einzelgänger waren. Dies resultiert aus instabilen Familienverhältnissen und fehlenden festen Freundschaften. Die vorhandenen, von den betroffenen Jugendlichen als nicht funktionsfähig angesehenen, Freundschaften bestehen in der Regel zu ebenfalls sozialen Außenseitern und verstärken so noch das Gefühl, keinen sozial angepassten Platz in der Gesellschaft finden zu können (ROBERTZ/WICKENHÄUSER 2007: 33). So verstärkt sich die subjektiv gefühlte Isolation.

Der Täter Sebastian B. wurde von seiner Familie, den Arbeitskollegen und Bekannten als zurückgezogen und introvertiert charakterisiert, mit einem ausgeprägten Interesse in Bezug auf Waffen (HOFFMANN/WONDRAK 2007: 40).

3.6.1.4 Psychische Verfassung

Oftmals zeigen sich im Vorfeld der Tat deutliche depressive Symptome, die mitunter bis hin zu Selbstmordversuchen geführt haben (HOFFMANN/WONDRAK 2007: 13). Bei der Mehrzahl der jugendlichen School Shooter ist die psychische Verfassung nicht von schwerwiegenden psychischen Erkrankungen bestimmt (ROBERTZ/WICKENHÄUSER 2007: 31). Es zeigen sich jedoch Verhaltensauffälligkeiten, die etwa mit depressiven Symptomen und einer intensiven Phantasietätigkeit umschrieben werden können (a. a. O.: 32).

Bei Sebastian B. gibt es, wie bei nahezu allen School Shootern, keine Anzeichen für schwerwiegende psychische Störungen, jedoch für das Vorliegen depressiver Symptome (ROBERTZ/WICKENHÄUSER 2007: 166).

3.6.2 Soziales Umfeld

Die Täter sind meist in instabilen Familienverhältnissen aufgewachsen und ihre aktuellen Beziehungen zu anderen Menschen erweisen sich bei näherem Hinsehen häufig als nicht tragfähig (HOFFMANN/WONDRAK 2007: 13). Viele der Amokläufer haben im Vorfeld ihrer Tat vermeintliche oder tatsächliche Schädigungen ihrer sozialen Beziehungen oder Kränkungen erlitten, indem sie beispielsweise durch einen Schulverweis öffentlich gedemütigt wurden oder die Trennung von der Freundin verkraften mussten (ROBERTZ/WICKENHÄUSER 2007: 34).

B. lebte in einer unauffälligen kleinstädtischen Familienstruktur, zusammen mit den Eltern, der Großmutter und zwei Geschwistern. Der Vater ist berufstätig und seine Mutter Hausfrau. Die Waffenliebhaberei von B. und die zeitintensive Nutzung von Videospielen waren in der Familie bekannt (HOFFMANN/WONDRAK 2007: 40).

Mit Hilfe von kriminologischen Kontrolltheorien, wie sie in einem vorherigen Kapitel beschrieben wurden, kann die Qualität und Ausgestaltung von Sebastian B.´s sozialem Band eingegrenzt werden (ROBERTZ/WICKENHÄUSER 2007: 168).

Hierbei sind zunächst die Variablen emotionale Anbindungen, Verpflichtungsgefühl, Einbindung in Verpflichtungen und die Akzeptanz eines konventionellen Wertesystems von Bedeutung (ebd.).

Obwohl der Täter als Einzelgänger charakterisiert wurde, finden sich in seinem Tagebuch und in seinem Abschiedsbrief Hinweise, in denen er bemerkt, die ganze Menschheit zu hassen bis auf sich selbst und seine Familie. Außerdem ist aus einigen seiner im Internet eingestellten Videos und durch Aussagen von Mitschülern ersichtlich, dass er zumindest lange Zeit über einen engen Freund verfügte. Die emotionalen Bindungen, die im November 2006 vorhanden waren, waren letztlich nicht mehr stark genug, um seine Tat zu verhindern (a. a. O.: 169).

B. hatte offenbar keinerlei Interesse daran, Ausdauer und Einsatz zu investieren um im Leben einen bestimmten Status zu erreichen. Mit diesem Fehlen eines Zieles war die Variable des Verpflichtungsgefühls bei ihm ausgesprochen schwach ausgeprägt und konnte somit keine gewaltpräventive Wirkung entfalten (ebd.). Im Gesamtkontext der Aussagen des Täters steht die Vermutung, dass ihm die Perspektive fehlte, langfristig durch seine Aushilfstätigkeit im Baumarkt und seinen Hobbys ausgefüllt zu sein, bzw. dass er resigniert hatte, seine Erfüllung in anderen Tätigkeiten finden zu können (ROBERTZ/WICKENHÄUSER 2007: 169).

Die Akzeptanz eines konventionellen Wertesystems war bei Sebastian B. sicherlich nur schwach ausgeprägt. Es gibt zahlreiche Bemerkungen, die von einer auffälligen Verachtung für gesellschaftliche Norm- und Kontrollsysteme zeugen. In seinem Tagebuch vergleicht er beispielsweise die Demokratie in Deutschland mit einer Diktatur, in der er glaubt, nicht frei leben zu können (ebd.). Sebastian B. spricht sich nicht nur gegen staatliche Gesetze aus, sondern auch gegen ethische bzw. religiöse Grundvorstellungen (ROBERTZ/WICKENHÄUSER 2007: 170). In seinem Abschiedsbrief wendet er sich gegen das unmissverständliche christliche Gebot, nicht zu töten und schreibt auch von einem „faschistischen Deckmantel aus Gesetz und Religion" (ebd.).

Nach den Variablen der sozialen Kotrolltheorie verfügte B. mit einem derart schwach ausgeprägten sozialen Band über zu wenig Halt, um seinem Drang nach der Verletzung von konventionellen Normen zu widerstehen (ROBERTZ/WICKENHÄUSER 2007: 170). Durch die Theorie der Kontrollbalance wird deutlich, warum er so gravierend gegen soziale Grundwerte verstieß. Er sah sich selbst als kontrolllos an, fühlte aber gleichzeitig eine derartig schwerwiegende Übermacht fremdbestimmter Kontrolle, dass ein Kontrollgleichgewicht nicht mehr durch geringere Formen von Normeinbrüchen hergestellt werden konnte. Er nutzte daher einen demonstrativen Akt der Gewalt gegen jene Quelle, der er die erlebte Unterdrückung zuschrieb (ebd.).

In einem vom Täter ins Internet eingestellten Video verdeutlicht er, dass er es selbst gewesen ist, der das School Shooting kontrolliert hat. Später nennt er die Schule und die Politik als Hintergründe für seine Tat. Die Schule bringt er dabei vor allem mit persönlichen Verletzungen wie Bevormundungen durch die Lehrer und Hänseleien und tätliche Übergriffe durch die Schüler, in Zusammenhang. Diese Situationen waren für ihn sehr bewegend, da er über diese keinerlei Kontrolle hatte ausüben können. Aus seiner Sicht wollte er die verlorene Kontrolle durch die Tat wiederherstellen (ebd.).

3.6.3 Phantasie

Die Ausgestaltung der Phantasien von Jugendlichen wird nicht nur durch die Medien beeinflusst, sondern ebenso durch politische Tagesereignisse, Inhalte von Büchern oder Erlebnisse im direkten Umfeld (ROBERTZ/WICKENHÄUSER 2007: 172). Wenn bei medienkonsumierenden Jugendlichen bereits intensive und gewalthaltige Phantasien vorliegen, können problematische Medieninhalte weniger eine Wirkung in Bezug auf eine Verursachung oder Auslösung der Tat erzielen, wohl aber auf die Ausgestaltung von Tatphantasien destruktiv und tatfördernd wirken (ebd.).

Im Fall von Emsdetten finden sich zahlreiche Hinweise, dass Medieninhalte die Gewaltphantasien des Täters beeinflusst haben. So sind Anleihen an die gewalthaltigen Filme „Matrix" und dem Spiel „Counter-Strike" in seiner Tatvorbereitung und Tatumsetzung erkennbar, außerdem setzte er sich intensiv mit vorangegangenen School Shootings auseinander (ebd.).

Die Anhaltspunkte für den Entwicklungsverlauf seiner Phantasie finden sich in Tagebucheinträgen und selbst hergestellten Medienerzeugnissen des Täters (a. a. O.: 173).

Da einige Videos und Schriftstücke nicht exakt datierbar sind, kann die Entwicklung seiner Phantasie nicht in allen Punkten nachvollzogen werden, jedoch lässt sich ein grober Verlauf skizzieren. Schon etwa vier Jahre vor der Tat zeigt sich seine Faszination für AirSoft-Waffen. Die Nutzung dieser in Zusammenhang mit dem Spiel „Counter-Strike" und seinen militaristisch gekleideten Streifzügen durch die Natur, kann dies als Vorbote einer Faszination für die Macht scharfer Schusswaffen gelten (ebd.).

Bereits im Juni 2004 scheint ihm der Gedanke zur Umsetzung eines Amoklaufs schon intensiv beschäftigt zu haben, wie aus dem von ihm beschriebenen Hilferuf auf einer Internetplattform zu entnehmen ist. Im Zeitraum Mai und Juni 2005, mehr als ein Jahr vor der Tat, lassen einige Bemerkungen in einem Internetforum den Schluss zu, dass er auch Mitte 2005 bereits intensiv über die Umsetzung einer schweren Gewalttat nachgedacht hat. Als er im Juni 2006 eine Homepage zum School Shooting in Columbine einrichtete, ließ er seine Phantasien noch stärker in die Realität einfließen.

Kurz vor der Tat kaufte er Sprengstoffmaterialien und Waffen, stellte Sprengstoff selbst her und testete diesen gemeinsam mit Bekannten. Seine Phantasien hatten einen weiteren großen Schritt hin zur Umsetzung in die Realität gemacht, als er eine Woche vor der Tat zum ersten Mal mit den neu erworbenen Waffen schoss. Er legte an diesem Tag auch das endgültige Datum seiner Tat, 20.11.2006, fest.

Vier Tage davor verschenkte er seine geliebte AirSoft-Waffe an einen Freund, was als Vorbereitung für seinen Nachlass gedeutet werden kann. Am Tatmorgen unternahm Sebastian B. den letzten Schritt zur Realisierung seiner Phantasie vor der eigentlichen Tat durch die Veröffentlichung ausführlicher Tagebuch- und Videoaufzeichnungen seiner Pläne im Internet und deren Weiterleitung an einzelne Adressaten. Diese wurden jedoch erst nach der Umsetzung seines School Shootings wahrgenommen (ebd.).

3.6.4 Nachahmungstat

Der Täter von Emsdetten, Sebastian B., weist zahlreiche Parallelen in Tathergang, Bewaffnung und Kleidung zu den Tätern in Columbine auf (ROBERTZ/WICKENHÄUSER 2007: 174). In seinen Tagebucheinträgen identifiziert sich Sebastian B. mit einem der Täter von Columbine, nimmt aber zusätzlich direkten Bezug auf andere vorangegangene Täter. Trotzdem versucht B. nicht nur als Nachahmungstäter zu erscheinen, er identifiziert sich mit den vermeintlichen Zielen anderer School Shooter und will „Teil eines Ganzen" sein. Wie viele anderen Amokläufer bemühte sich auch B. darum, dass seine Ausführungen und Fotos der Öffentlichkeit zugänglich gemacht wurden. Er posierte auf

Fotos seiner selbst zum Teil mit umgekehrt aufgesetzter Basekap, einem schwarzen Mantel und einer Waffe im Anschlag – analog zu Abbildungen der Täter aus Columbine – und stellte auch hochauflösende Bilder ins Internet, auf denen er in der Kleidung seines AirSoft-Teams mit Waffe abgelichtet ist oder in die Kamera schaut. Trotz schneller Reaktion von Polizei und Staatsanwaltschaft, die Internetpräsenzen von Sebastian B. kürzester Zeit zu sperren bzw. zu löschen, konnten diese unmittelbar danach noch indirekt über die „Caches" von Suchmaschinen, eine Art Archivspeicher, abgerufen werden. Auch der Abschiedsbrief des Täters wurde von diversen Nachrichtensendern und Zeitungen im Volltext zitiert, oft inklusive der bereits erwähnten Fotografien, die selten unkenntlich gemacht wurden. Daher ist es Sebastian B. gelungen, seinerseits zahlreiche Trittbrettfahrer und Nachahmer zu inspirieren. In den Wochen nach seiner Tat kam es selbst im Vergleich zum School Shooting in Erfurt zu einer an Intensität und Dichte in Deutschland nicht gekannten Welle von Tatankündigungen in Schulen (ebd.).

3.6.5 Medien

Sebastian B. hat seit seiner Volljährigkeit in einer Videothek regelmäßig Filme mit gewaltbezogenen Inhalt ausgeliehen. Er identifizierte sich teilweise mit dem Film „Matrix" und wurde beispielsweise an seiner Schule durch auffällige Kleidung auch der „Matrix-Mann" genannt. Auch in seinen selbst hergestellten Videos sind klare Anleihen an die Ästhetik dieses Films zu erkennen (ROBERTZ/WICKENHÄUSER 2007: 171). Der Begriff „Matrix" ist hier die Bezeichnung eines dreiteiligen Science-Fiction-Films der Regisseure Andy und Larry Wachowski. Schon im ersten Teil 1999 wurde Gewalt in Zeitlupenaufnahmen ästhetisiert. Der Protagonist trägt neben Schusswaffen dunkle Kleidung, Sonnenbrille und eine Art Trenchcoat. Im Fall von Emsdetten sind Bezüge zu diesem Film weit deutlicher zu finden als bei anderen jugendlichen Amokläufern (ebd.). Der Täter B. hat zumindest zeitweise gewaltorientierte Computerspiele extensiv gespielt. In seiner Wohnung wurden fünf frei verkäufliche Computerspiele mit gewaltbezogenem Inhalt aufgefunden, wobei aber lediglich das Spiel „Counter-Strike" auf seinem PC installiert war. Die Ermittlungen haben ergeben, dass Sebastian B. tatsächlich seine Schule als Counter-Strike-Szenario nachempfunden hatte, und dieses Spielszenario wiederholt im Computernetzwerk der „Geschwister-Scholl-Schule" gefunden und gelöscht wurde.

Das PC-Spiel „Counter-Strike" wurde erstmals 1999 veröffentlicht und gehört zur Kategorie der „Ego-Shooter" (oder auch „Killerspiele"). Es hat besonders als Mehrspielersystem bei LAN-Partys eine feste Fangemeinde. Eine Gruppe von Terroristen treten im Spiel gegen eine Antiterroreinheit an. Die typischen Spielziele sind die Befreiung von Geiseln oder die Detonation einer Bombe in einem bestimmten Spielareal. Das Spiel „Counter-Strike" diente seit 2002 bereits häufig als Beispiel für gewalthaltige Computerspiele, als bekannt wurde, dass der Täter des School Shootings in Erfurt dieses Spiel nutzte (ebd.).

Der Täter B. war neben dem Einstellen von Filmen und Spielszenarien auch anderweitig im Internet aktiv. Relevant war vor allem seine Mitgliedschaft in der Interessengruppe „Columbine" auf einem Internet-Portal und eine von ihm im Juni 2006 veröffentlichte Webseite, die sich mit vergangenen School Shootings befasste, insbesondere setzte er sich mit der Tat in Columbine auseinander (ROBERTZ/WICKENHÄUSER 2007: 171 f.).

Keinem dieser Medien kann jedoch eine einseitige Schuld am School Shooting in Emsdetten zugewiesen werden (ROBERTZ/WICKENHÄUSER 2007: 172). Filme, Spiele und Internetressourcen stellen keine direkten und singulären Ursachen für die Tat von Sebastian B. dar. Die Ausrichtung zwischen medialer Gewalt und gewaltbereiten Jugendlichen wird nach wie vor wissenschaftlich nicht präzise genug thematisiert. Es ist anzunehmen, dass zumindest eine bidirektionale Orientierung vorliegt, dass also Jugendliche nicht nur von gewalthaltigen Medien beeinflusst werden, sondern dass sich bereits gewaltbereite Jugendliche umgekehrt auch intensiver mit dem für sie relevanten Thema auseinandersetzen (ebd.). Die Wirkung der Medien hat allerdings einen Einfluss auf die Phantasie des Täters.

3.6.6 Schule

B. war zum Zeitpunkt der Amoktat kein Schüler mehr an der „Geschwister-Scholl-Schule", besuchte diese jedoch bis zu seinem Realschulabschluss im Jahre 2006 (HOFFMANN/WONDRAK 2007: 40).

In der Selbstwahrnehmung von B. spielten die Erlebnisse in der Schule eine zentrale Rolle für das Heranreifen des Tatplanes, was aus seinen Videobotschaften, Tagebuchaufzeichnungen und Foreneinträgen zu entnehmen ist (ebd.). Er machte in der Schule Gewalterfahrungen, war ein Mobbingopfer und sprach von Respektlosigkeit gegenüber seiner Person und seinem Aussehen. Auch erwähnte er die mangelnde Anerkennung seiner individuellen Persönlichkeit durch die Lehrer und Mitschüler (HOFFMANN/

WONDRAK 2007: 41). In einem Selbsthilfeforum im Internet schilderte er auch, dass er mehrere Male in der Schule durchgefallen sei, Schwierigkeiten mit dem Altersunterschied zu seinen gegenwärtigen Mitschülern habe und seit der Androhung von Prügeln durch einen Hauptschüler Angst habe (ROBERTZ/WICKENHÄUSER 2007: 168).

3.6.7 Waffen

Waffen spielten für den Täter Sebastian B. eine bedeutende Rolle. Darauf wies er auch lange vor seinem School Shooting mehrfach hin. Er gründete und leitete z.b. selbst eine AirSoft-Mannschaft und ließ sich gerne mit seinen täuschend echten AirSoft-Waffen in martialischer Pose und Tarnkleidung fotografieren (ROBERTZ/WICKENHÄUSER 2007: 165).

Vier Monate vor seinem School Shooting hat der Täter B. einen „kleinen Waffenschein" für Reizgaswaffen und dergleichen erworben. Dieser wurde jedoch bereits 19 Tage später von der Polizei sichergestellt, als er verbotenerweise eine Schreckschusswaffe zu einem Open-Air-Festival mitbrachte. Diese Sicherstellung des „kleinen Waffenscheins" und der Schreckschusswaffen durch das ausführende Organ des von Sebastian B. „verhassten Staates" könnte eine Bedeutung für seinen konkreten Tatentschluss gehabt haben (a. a. O.: 166).

Bedeutsam könnte auch sein, dass für den Tag seines Amoklaufs die gerichtliche Anhörung zu diesem Vorfall vorgesehen war und das Urteil, seine von ihm so geliebten Waffen nicht mehr nutzen zu dürfen, für ihn offenbar eine subjektiv schwerwiegende persönliche Niederlage bedeutet hätte (ebd.).

3.6.8 Freizeit

B. war in seinem Hobby AirSoft recht aktiv und verbrachte die restliche Freizeit oft mit Computerspielen und Videofilmen (ROBERTZ/WICKENHÄUSER 2007: 169). Spätestens seit Mitte 2004 beschäftigte sich der Täter B. mit der Thematik, Planung und Durchführung eines Amoklaufs (HOFFMANN/WONDRAK 2007: 39). Aus dieser Zeit stammen erste Foreneinträge im Internet, ein erster Entwurf eines Abschiedsbriefs und die erste Videofilmproduktion (ebd.).

4 Trauma

4.1 Definition

„Gemeint ist das psychische Trauma, also ein (objektiv oder subjektiv sehr negatives) Erlebnis, welches durch seine Intensität den Betreffenden überfordert und seine Verarbeitungsmöglichkeiten überschreitet. Da eine solche Verarbeitung nicht möglich ist, werden das Erlebnis und damit zusammenhängende Eindrücke aus dem Bewusstsein verdrängt" (MENTZOS, in: Fachlexikon der sozialen Arbeit 2002: 980 f.).

4.2 Posttraumatische Belastungssyndrome

Die verschiedenen Erscheinungsbilder erlebnisreaktiver Belastungssyndrome bzw. psychotraumatisch verursachter Erlebnisreaktionen und des Persönlichkeitswandels infolge außergewöhnlich eingreifender Ereignisse, lassen sich nach psychopathologischen Kriterien diagnostisch einordnen (MACHLEIDT/BAUER/LAMPRECHT/ROSE/ROHDE-DACHSER 2004: 113). Die drei Bezeichnungen der ICD-10-Klassifikation sind die akute Belastungsreaktion (F 43.0), die posttraumatische Belastungsstörung (F 43.1) und die andauernde Persönlichkeitsveränderung nach Extrembelastung (F 62.0). Dabei hält die posttraumatische Belastungsreaktion hinsichtlich des Verlaufs und der Ausgestaltung der psychischen Symptomatik gewissermaßen die Mitte zwischen der zeitlich enger befristeten, reversiblen akuten Belastungsreaktion einerseits und der andauernden Persönlichkeitsänderung nach Extrembelastungen andererseits (ebd.).

4.2.1 Akute Belastungsreaktion

Symptome der akuten Belastungsreaktion sind

- akute und vorübergehende, meistens schon in wenigen Stunden / Tagen abklingende, Reaktionen direkt im Anschluss an ein belastendes psychotraumatisches Ereignis;
- mit psychopathologischen Merkmalen wie sie unter der posttraumatischen Belastungsstörung genannt werden;
- während oder unmittelbar nach dem traumatischen Ereignis kommt es zu drei (oder mehr als drei) der folgenden Erscheinungen:
  - o Erlebnis von Empfindungslosigkeit, Losgelöstsein oder emotionaler Abstumpfung;

o Einschränkung der bewussten Wahrnehmung der Umgebung, „wie im Nebel" wahrnehmen;

o Derealisation;

o dissoziative (Teil-)Amnesie bezüglich des Traumas oder wichtiger Bestandteile davon;

Die Dauer der akuten Belastungsreaktion beträgt mind. 2 Tage und max. 4 Wochen (MACHLEIDT/BAUER/LAMPRECHT/ROSE/ROHDE-DACHSER 2004: 115).

4.2.2 Posttraumatische Belastungsstörung (PTBS)

Symptome der posttraumatischen Belastungsreaktion sind

- Art der psychotraumatischen Erfahrung;

- Ängstliches Wiedererleben des Traumas im Wachen und / oder in Angstträumen: sogen. Hypermnesien bezüglich des Ablaufs des Ereignisses / der Situation oder von Abwandlungen / Bruchstücken davon;

- Merkmale verminderter Ansprechbarkeit (Reagibilität), verminderte Denk- und Erlebensfähigkeit, Konzentrations- und Aufmerksamkeitsstörungen, Verleugnungen, selektive Gedächtnislücken / (Teil-)Amnesien, Entfremdungserlebnisse, (pseudo-)asthenische Antriebsverluste, (phobische) Vermeidungen von traumabezogenen Reizen / Situationen;

- Merkmale von erhöhter Erregbarkeit / Reagibilität:

  Schlafstörungen, (Überlebens-)Schuldgefühle, schwankende Aufmerksamkeit, übermäßige Wachsamkeit (partielle Hypervigilanz), Störungen der (vor allem aggressiven) Impulskontrolle, Wutausbrüche, Angst- und Schreckreaktionen bei traumabezogenen Reizen / Situationen;

  Begleitmerkmale: depressive Symptome, psychomotorische Unruhe, erhöhte Reizbarkeit und Aggressivität, andere Impulsdurchbrüche, Affektlabilität, vegetative Dysregulationen, funktionelle Kopfschmerzen und / oder andere psychosomatische Körperbeschwerden wie z.B. funktionelle Schwindelzustände und Gleichgewichtsstörungen oder gastrointestinale Beschwerden, vegetativer Tremor, Alkohol- und / oder Drogenmissbrauch.

Die Dauer einer akuten posttraumatischen Belastungsreaktion beträgt weniger als 3 Monate (MACHLEIDT/BAUER/LAMPRECHT/ROSE/ROHDE-DACHSER 2004: 115). Eine chronische posttraumatische Belastungsreaktion dauert länger als 3 Monate. Die Erstmanifestation findet ohne Latenzzeit innerhalb von 6 Monaten nach dem traumatischen

Ereignis statt und mit Latenzzeit (mindestens) 6 Monate nach dem traumatischen Ereignis oder länger (ebd.).

4.2.3 Andauernde Persönlichkeitsveränderung nach Extrembelastung

Symptome der andauernden Persönlichkeitsänderung nach Extrembelastung sind

* Dauerhafter, im Prinzip irreversibler und nicht-organischer Persönlichkeitswandel nach längeranhaltender Extrembelastung (z.B. KZ-, Folter-, Geiselhaft);

* Einhergehend mit sozialem Rückzug, Misstrauen, Feindseligkeit, Gefühlen von Leere, Hoffnungslosigkeit und einer charakterlichen Rigidisierung sowie Asthenisierung,

* Verbunden mit Merkmalen einer chronischen posttraumatischen Belastungsstörung

Diese chronische Umstrukturierung der Persönlichkeit ist in der Mehrheit irreversibel (MACHLEIDT/BAUER/LAMPRECHT/ROSE/ROHDE-DACHSER 2004: 115).

4.3 Prävention und Therapie

Zur Prävention und Behandlung der posttraumatischen Behandlungsstörungen bzw. Erlebnisreaktionen stehen heute in einigen Fällen Krisenteams für die Soforthilfe zur Verfügung, die auch für die psychologische Betreuung der Opfer und ihren Angehörigen zuständig sind. Mehrjährige Studien machen es wahrscheinlich, dass solche Frühbetreuungen für die Verhütung von Symptomen oder Verbesserung der Prognose aller Arten psychotraumatischer Reaktionen von großem Wert sind (MACHLEIDT/BAUER/ LAMPRECHT/ROSE/ROHDE-DACHSER 2004: 116).

Für die Psychotherapie dieser Störungen stehen einige psychodynamische oder kognitiv und / oder verhaltenstherapeutisch orientierte Behandlungsmöglichkeiten zur Verfügung und als psychopharmakologische Unterstützung haben heute insbesondere die seretonergen Antidepressiva (SSRI) den Vorzug vor Tranquilizern wie beispielsweise Benzodiazepinen (MACHLEIDT/BAUER/LAMPRECHT/ROSE/ROHDE-DACHSER 2004: 116 f.).

4.4 Fallbezogene Traumabewältigung Emsdetten

Trotz der rettungsdienstlichen Versorgung der Opfer, die neben Notärzten, Rettungswagen, Rettungshubschrauber und einem Betreuungs- bzw. Einsatzdienst des DRK auch vier Notfallseelsorger umfasste, wurden viele Schüler nach Einschätzung der Schulleiterin schwer traumatisiert (ROBERTZ/WICKENHÄUSER 2007: 177).

Die Instandsetzung der Schule erfolgte sieben Wochen nach der Tat, wobei nicht nur die Schäden durch die Rauchbomben des Täters und vom Spezialeinsatzkommando eingeschlagene Scheiben repariert wurden, sondern auch eine Umgebung geschaffen wurde, in der möglichst wenig an früher erinnert und sich die Schüler durch neue Gestaltung der Räume jetzt wohlfühlen sollen. Bei der Neugestaltung des Gebäudes wurden keine zusätzlichen Sicherheitsvorkehrungen getroffen, die Schulleiterin vertraut stattdessen auf die Pädagogik als Mittel der zukünftigen Gewaltprävention und möchte das offene Schulgebäude so beibehalten (ebd.).

Das Gebäude wurde nach der Sanierung in einem Festakt mit Gottesdienst und Feierstunde wieder der Öffentlichkeit zugänglich gemacht. Hunderte bunter Luftballons wurden mit daran befestigten Friedenstauben aus Papier gestartet, auf welche die Schüler ihre Ängste und Hoffnungen niederschreiben konnten.

Am ersten Schultag nach der Neueröffnung bekam jeder Schüler die Möglichkeit, zunächst mit Psychologen, Freunden oder Eltern in die Schule zu kommen. Außerdem sollten die Schulgemeinschaft und der Klassenverband zur gegenseitigen Unterstützung beitragen.

Die Verarbeitung der erlittenen Traumata dürfte jedoch noch eine lange Zeit in Anspruch nehmen (ebd.).

5 Prävention und Intervention durch Soziale Arbeit

Da die ersten Warnsignale in aller Regel in der Schule in Erscheinung treten, ist dies auch der Ort, an dem die Früherkennung von School Shootings oder ähnlichen Gewaltakten am effektivsten ansetzt (ROBERTZ/WICKENHÄUSER 2007: 117). Es genügt nicht, wenn sich ausschließlich Experten wie Schulpsychologen oder die Polizei auf das Gewaltphänomen School Shooting vorbereiten, auch Lehrer, Direktoren und Schulsozialarbeiter müssen sich systematisch damit auseinandersetzen und Präventionsstrategien vor Ort verankern (ebd.).

5.1 Definition

Mit Prävention in der Sozialarbeit sind alle jene Anstrengungen gemeint, die darauf gerichtet sind, Notlagen zu prognostizieren und deren Entstehung durch die Entwicklung systematischer und gradueller Strategien zu verhindern. Prävention setzt das frühzeitige Erkennen von Problemlagen voraus und die Intervention durch systematisch und graduell aufeinander abgestimmte umfassende Maßnahmen voraus, damit die Konkretisierung von Problemlagen verhindert wird. Je nach theoretischer Position bezieht sich hierbei das Präventionsverständnis sowohl auf die Störanfälligkeiten einzelner Individuen wie auch auf die des gesellschaftlichen Umfeldes bzw. auf deren Anteile am Zustandekommen von Konflikten Einzelner und Gruppen (FALTERMEIER, in: Fachlexikon der sozialen Arbeit 2002: 725).

5.2 Sozialwissenschaftliches Präventionsmodell

Das sozialwissenschaftliche Modell der Prävention vertritt die Auffassung, dass abweichendes Verhalten erst durch die Herstellung positiver sozialer Rahmenbedingungen verhindert werden kann (FALTERMEIER, in: Fachlexikon der sozialen Arbeit 2002: 724). Die Präventionsstrategien werden je nach theoretischer Blickrichtung unterschieden in personenbezogene und strukturbezogene Präventionsstrategien.

Während sich die personenbezogene Präventionsstrategie ausschließlich auf die Verhaltensmerkmale Einzelner konzentriert und Verhaltensauffälligkeiten durch kontrollierende, beraterische und therapeutische Interventionen verhindert (Verhaltensprävention), zielt die strukturbezogene Präventionsstrategie in erster Linie auf die Veränderungen der Entwicklungsmöglichkeiten hemmenden Lebensbedingungen ab, da diese als die wesentlichen Ursachen für Chancenungleichheit und soziale Auffälligkeit angesehen werden (Verhältnisprävention). Ein Beispiel hierfür ist die Veränderung der schulischen Sicherheitsbedingungen.

Bei der Verhaltensprävention haben sich als Instrumente neben der Aufklärung und Information vor allem verhaltenstheoretische Programme, z.b. Mediationsgespräche mit dem Schulsozialarbeiter, bewährt. Um eine effektive Verhaltensprävention zu erzielen, wird Einsicht und Motivation der Zielpersonen vorausgesetzt.

5.3 Gewaltprävention nach Caplan

Der Begriff der Gewaltprävention entwickelte sich 1964 durch Caplan, ausgehend von der sozialmedizinischen Definition von Prävention.

Nach Caplans dreistufigem Präventionsbegriff werden die primäre, sekundäre und tertiäre Gewaltprävention unterschieden.

„Bei der primären Prävention gegenüber familiärer Gewaltanwendung geht es vor allem um den Abbau gewaltfördernder Leitbilder und Lernprozesse und um die soziale Reintegration der Familie. Grundlage der Eindämmung von Gewalt in der Familie ist der Abbau wirtschaftlicher und sozialer Stressphänomene mit den Mitteln der allgemeinen Sozialpolitik. Denn ein günstiges Sozial- und Wirtschaftsklima ist gleichzeitig ein günstiges Präventionsklima. Sekundäre Prävention setzt regelmäßig ein ‚Umlernen' der einzelnen von Gewalt betroffenen Familien im Umgang mit Konflikten und ihre Einbindung in ein Netz gezielt stützender Sozialbeziehungen voraus. Das Opfer von Gewalt in der Familie ist in besonderem Maße schutzbedürftig" (GUGEL 2010: 229).

5.3.1 Primäre Gewaltprävention

Unter primärer Gewaltprävention ist die Vorbeugung abweichenden Verhaltens gemeint. Sie findet in Institutionen wie Schule, Familie oder Freizeit statt. Die primäre Gewaltprävention setzt ein, bevor eine Gewalttat geschieht. Dabei werden Ursachen und Risikofaktoren berücksichtigt, die dazu führen können. Im Bereich der primären Gewaltprävention werden Basiskompetenzen eines anderen Umgangs mit Konflikten gelernt (GUGEL 2010: 324).

„Soziale Kompetenztrainings für Kinder sollen u. a. das Einfühlungsvermögen fördern, die Situationswahrnehmung differenzieren, die Selbstkontrolle stärken und Fähigkeiten zur sozialen Problemlösung vermitteln. Defizite in solchen Bereichen sind empirisch belegte Risikofaktoren für Aggression und Delinquenz. Soziale Kompetenztrainings haben gegenüber anderen Ansätzen der entwicklungsbezogenen Prävention auch praktische Vorteile. Sie können die gesamte Population erreichen (z.B. in der Schule) und sind relativ kostengünstig (z.b. als Gruppentraining durch die Fachkräfte). Evaluationsstudien zeigen, dass insbesondere bei aggressivem Verhalten, oppositionell- störendem Verhalten und dissozialem Verhalten positive Effekte zu verzeichnen sind" (GUGEL 2010: 302, zit. n. LÖSEL/PLANKENSTEINER 2005).

Neben der Durchführung des Gruppentrainings für die Schulung der Basiskompetenzen gibt es noch einige weitere Beispiele für die primäre Gewaltprävention, die von den Sozialarbeitern durchgeführt werden können. Dazu gehören Elternseminare oder Elternkurse, wie z.B. der Erziehungskurs „Kess erziehen" (AKF 2010), der in kleinen Gruppen durchgeführt wird und den Eltern Unterstützung bei Erziehungsfragen oder Schulproblemen bietet.

Sozialarbeiter können auch durch die Vermittlung von Anti-Aggressions-Trainings im Bereich der primären Prävention vorbeugend tätig werden, etwa im Rahmen der Schulsozialarbeit oder in Jugendhilfeeinrichtungen.

5.3.2 Sekundäre Gewaltprävention

Die Aufgabe der sekundären Prävention besteht in der Verhinderung von Verfestigungen des aggressiven Verhaltens. Bei der sekundären Gewaltprävention wird delinquentes Verhalten frühzeitig erfasst, um eine Verschlimmerung zu verhindern.

Ein weiteres Arbeitsfeld der Sozialarbeiter besteht aus der Durchführung der Mediation. Diese wird z.B. in schulischem Rahmen in Form von einer Schülerstreitschlichtung durchgeführt. Nachdem die Streitschlichter von den Sozialarbeitern geschult wurden, sind sie in den meisten Fällen in der Lage, diese Art der sekundären Gewaltprävention selbständig durchzuführen. Im Mediationsverfahren, einem Beispiel für die sekundäre Gewaltprävention, wird eine faire tragfähige Lösung erarbeitet, was eine weitere Eskalation verhindert (GUGEL 2010: 324).

Die Etablierung eines Konfliktmanagementsystems an der Schule ist ein weiterer Ansatzpunkt der Sozialen Arbeit. Neben Konfliktsprechstunden durch den Sozialarbeiter ist die sogenannte „Peer Mediation" verbreitet, in der die Konfliktlösung direkt von den Schülern übernommen wird, die vorher von einem Sozialarbeiter dafür geschult wurden.

„Peer Mediation ist dabei als Teil von „Peer Education" zu verstehen, der die Idee von Erziehung von Jugendlichen durch Jugendliche zugrunde liegt" (a. a. O.: 333).

5.3.3 Tertiäre Gewaltprävention

Die gezielte Intervention bei Problemen gehört in den Bereich der tertiären Gewaltprävention. Die tertiäre Gewaltprävention findet statt, nachdem eine Gewalttat stattgefunden hat. Ziel dabei ist es, weitere Gewalttaten zu verhindern und den Täter zu resozialisieren.

Im Bereich der tertiären Gewaltprävention können der Täter-Opfer-Ausgleich und die Versöhnungsarbeit einem Rückfall in erneute Gewaltanwendung entgegenwirken (GUGEL 2010: 324). „Der Täter-Opfer-Ausgleich ist ein Angebot an Beschuldigte und Geschädigte, die Straftat und ihre Folgen mit Hilfe eines neutralen Vermittlers eigenverantwortlich zu bearbeiten und wird vor allem in der Jugendgerichtshilfe angewendet. Die rechtliche Grundlage des Täter-Opfer-Ausgleichs im Kontext der Jugendgerichtsbarkeit ergibt sich aus den §§ 45 ff, Jugendgerichtsgesetz (JGG) " (a. a. O.: 342).

Wenn eine Gewalttat bereits stattgefunden hat, können Sozialarbeiter durch die Durchführung eines Täter-Opfer-Ausgleichs z.B. im Rahmen des Projektes „Handschlag" (PROJEKT HANDSCHLAG) im Landgerichtsbezirk Tübingen, einer weiteren Gewalttat entgegenwirken und Versöhnungsarbeit leisten.

Diese Art der Schadenswiedergutmachung ist auch im Strafgesetzbuch (StGB) folgendermaßen geregelt:

§ 46 a StGB Täter-Opfer-Ausgleich:
Hat der Täter

1. in dem Bemühen, einen Ausgleich mit dem Verletzten zu erreichen (Täter-Opfer-Ausgleich), seine Tat ganz oder zum überwiegenden Teil wiedergutgemacht oder deren Wiedergutmachung ernsthaft erstrebt oder

2. in einem Fall, in welchem die Schadenswiedergutmachung von ihm erhebliche persönliche Leistungen oder persönlichen Verzicht erfordert hat, das Opfer ganz oder zum überwiegenden Teil entschädigt,

so kann das Gericht die Strafe nach § 49 Abs. 1 mildern oder, wenn keine höhere Strafe als Freiheitsstrafe bis zu einem Jahr oder Geldstrafe bis zu dreihundertsechzig Tagessätzen verwirkt ist, von Strafe absehen

.

5.4 Umsetzung der Gewaltprävention

Um Gewaltprävention erfolgreich durchführen zu können, ist zum einen wichtig, dass man nicht an Problemen ansetzt, die junge Menschen uns machen, sondern an denen, die sie selbst haben (GUGEL 2010: 447). Der Schlüssel für Gewaltprävention besteht also darin, an den Gewalterfahrungen anzusetzen, die die jungen Menschen selbst gemacht haben. Sobald die Jugendlichen dann bemerken, dass sie ernst genommen werden, sind sie auch offen für die Auseinandersetzung mit den Problemen, für die sie verantwortlich sind (ebd.).

Sozialarbeiter, Anleiter oder Lehrer spielen in der Gewaltprävention eine zentrale Rolle, da sie als Vorbild fungieren und das vorleben, was es zu vermitteln gilt.

Der Schlüssel der Gewaltprävention liegt darin, jungen Menschen das Gefühl zu geben, etwas zu können und gebraucht zu werden. Es gilt also für Sozialarbeiter, den Fokus auf die persönlichen Stärken der jungen Menschen zu legen und ihr Selbstwertgefühl dadurch aufzubauen. So hat man dann auch die Möglichkeit, langsam an ihren Schwächen und Defiziten zu arbeiten (a. a. O.: 448).

Ein umfassendes Konzept zur Gewaltprävention ist in der konstruktiven Konfliktbearbeitung zu finden. Sie ist auf allen Ebenen, d.h. Individuum, Familie, Gruppe, Gesellschaft und international, anwendbar (a. a. O.: 324).

5.5 Primärpräventive Arbeit

Nach der Auffassung des Potsdamer Professors für Erziehungs- und Sozialisationstheoriem Wilfried Schubarth, und seines Nürnberger Kollegen, Hanns-Dietrich Dann, gibt es fünf Grundprinzipien der primärpräventiv ausgerichteten Gewaltprävention, die sich durch zahlreiche Forschungsergebnisse belegen lassen (ROBERTZ/WICKENHÄUSER 2007: 133):

1. Entwicklung der Qualität von Lehrer-Schüler-Beziehungen
2. Ermöglichung von sozialem Lernen
3. Schaffung eines gemeinsamen Grundwerte- und Normensystems
4. Vermittlung eines positiven Leistungs- und Selbstkonzeptes
5. Ermöglichung von sozialer Identität

Durch diese Grundprinzipien werden genau die Aspekte gefördert, welche bei jugendlichen Amokläufern zu gering ausgeprägt waren. Dazu gehören stabile emotionale Beziehungen, Problemlösungskompetenz, verbindliche Handlungsorientierungen im konventionellen Normsystem sowie die Möglichkeit, Anerkennung zu erringen (ROBERTZ/ WICKENHÄUSER 2007: 134).

5.5.1 Entwicklung der Qualität von Lehrer-Schüler-Beziehungen

Bei Unstimmigkeiten in der Lehrer-Schüler-Beziehung kann die Schulsozialarbeit einen hilfreichen Beitrag leisten. Sie kann die Lehrer bei der Konzeption und Durchsetzung pädagogischer Maßnahmen unterstützen, damit die Schulkultur von einem fürsorglichen Klima bestimmt ist und gleichzeitig Verlässlichkeit sowie Nachhaltigkeit gewährleistet wird. Ein damit erzielter partnerschaftlicher und diskursiver Interaktionsstil zwischen Lehrern und Schüler erweist sich als besonders förderlich (ROBERTZ/WICKENHÄUSER 2007: 133).

5.5.2 Ermöglichung von sozialem Lernen

Ein Handlungsmuster für den Umgang mit Frustrationen, Gefühlen, Meinungsverschiedenheiten und Konflikten kann durch eine Förderung der Sozialkompetenz erlernt werden (ROBERTZ/WICKENHÄUSER 2007: 134). Neben dem Erlernen der Selbstkompetenz sollten auch Kommunikations- und Konfliktfähigkeit, konstruktive Konfliktbewältigungsstrategien, soziale Wahrnehmung, Empathie, Perspektiveübernahme und Impulskontrolle gefördert werden. Ideal wäre es, soziales Lernen fest in den Regelunterricht einzubinden (ebd.).

5.5.3 Schaffung eines gemeinsamen Grundwerte- und Normensystems

Hilfreich zur Erlangung eines gemeinsamen schulischen Grundkonsens bezüglich sozialer Werterhaltungen und Verhaltensnormen, ist die Erarbeitung von innerschulischen pädagogischen Maßnahmenkonzepten und Handlungsvereinbarungen (ROBERTZ/ WICKENHÄUSER 2007: 134). Die Einbindung der Schülerschaft ist dabei besonders wichtig. Dies kann durch die Einrichtung von Gremien der Schülermitverantwortung oder auch durch verschiedene Projekte erfolgen, wie z.B. Konfliktlotsen- oder Streitschlichterprojekte, die von einem Sozialarbeiter geleitet werden können. Auch sog. Buddy-Projekte, bei denen Partner- und Patenschaften der Schüler untereinander auf verschiedenen Anwendungsebenen nach den Grundsätzen „aufeinander achten, füreinander da sein, miteinander lernen" eingesetzt werden, können sich positiv auswirken (ebd.).

Durch seine Aufgabe als Schülervertretung kann der Schulsozialarbeiter die Schüler-schaft in ihrer Durchsetzung unterstützen, ein Mitspracherecht in der Entwicklung und Umsetzung von Schulregeln zu erlangen. Auch die Thematisierung der Gewaltproble-matik im Unterricht, sowie klare Richtlinien zum Umgang mit Normübertretungen oder deutliche Regeln der Leistungsbeurteilungen tragen zu der Schaffung des gemeinsamen Grundwerte- und Normensystems bei (ebd.).

5.5.4 Vermittlung eines positiven Leistungs- und Selbstkonzeptes

Da zum Aufbau eines positiven Selbstkonzepts auch die Ermöglichung von Erfolgen für alle Schüler überaus wichtig ist, sollten z.b. individuelle Lernfortschritte eines jeden Schülers betont und ein entdeckendes, handlungsorientiertes Lernen gefördert werden (ROBERTZ/WICKENHÄUSER 2007: 134).

5.5.5 Ermöglichung von sozialer Identität

Um die Identifikation mit der eigenen Schule bzw. die Übertragung von Verantwortung zu erzielen, können der Aufbau und die Pflege von Gruppenbeziehungen förderlich sein (ROBERTZ/WICKENHÄUSER 2007: 134). Sozialarbeiter können durch verschieden Pro-jekte und Gruppenarbeit die emotionalen Bindungen an Gemeinschaften und gemein-same Ziele fördern.

Um die primärpräventive Arbeit nachhaltig zu sichern, ist es notwendig, Präventions-netzwerke aufzubauen und zu pflegen. Hierzu gehören Gesprächskreise in Kollegien, Fallbesprechungen, Elternarbeit und Teambildung (ROBERTZ/WICKENHÄUSER 2007: 134 f.). Auch Kooperationen mit außerschulischen Institutionen wie z.B. dem Jugend-amt, freien Trägern der Jugendhilfe, Therapeuten und Polizei erweisen sich als sinnvoll. Die Zusammenarbeit mit den Eltern gefährdeter Schüler und den Lehrern kann vom Sozialarbeiter in Form von verbindlichen Elternsprechstunden, Elternsprechtagen, Klas-senlehrer- und Elternversammlungen und Schulforen koordiniert werden.

5.6 „Leaking"

Bezüglich der Interventions- und Präventionsmöglichkeiten ist die Tatsache, dass School Shooter ihre Taten nicht nur heimlich vorbereiten, sondern auch im Vorfeld kon-krete Informationen „durchsickern" lassen, besonders bedeutend (ROBERTZ/ WICKENHÄUSER 2007: 34). Dieses Phänomen wird in der Fachdiskussion als „Leaking" bezeichnet.

Ein solches Leaking kann als schriftliche oder mündliche Drohung oder als direkt geäußerter Tathinweis auftreten. Eine weitere Möglichkeit des indirekten Leakings sind Aufsätze, Zeichnungen, Gedichte oder Videoaufzeichnungen. Durch ein starkes Interesse an Waffen, vorangegangenen schweren Gewalttaten oder ein demonstratives paramilitärisches Gebaren über das fortwährende Tragen von Tarnkleidung, können die Leaking-Hinweise in Einzelfällen noch unterstrichen werden. Wenn es gelingt, diese Warnsignale rechtzeitig zu erfahren und richtig zu deuten, besteht eine hohe Wahrscheinlichkeit, dass Amoktaten an Schulen rechtzeitig verhindert werden können (ebd.).

5.7 Prävention durch die Eltern

Einer der wichtigsten präventiv wirkenden Schutzmaßnahmen ist ein Erziehungsstil, der elterlich und auf partnerschaftlicher Basis zum Kind geprägt ist, mit gemeinsam akzeptierten Werten (HOFFMANN/WONDRAK 2007: 53 f.). So können entsprechende Kontrollverluste potenziell gefährdeter Persönlichkeiten verhindert oder zumindest minimiert werden (ebd.).

Die Berliner Verhaltensforscherin Christiane Tramitz benennt das Dilemma aller Erziehung wie folgt: „Eltern haben während der Pubertät ihrer Kinder einen Balanceakt zu bewältigen: Sie müssen einerseits die Grenzen ihrer Kinder akzeptieren, aber andererseits dürfen sie sich nicht zurückziehen" (SPIEGEL 2009: 42). Tramitz fordert Eltern auf, ihren Kindern vor allem gegen Ende der Pubertät eine neue Art von Beziehung anzubieten: „Kein erzieherisch-pädagogisches, sondern ein emotional begleitendes und unterstützendes Verhältnis. Die Jugendlichen müssen spüren, dass ihre Eltern sie trotz aller Überwerfungen als wertvoll schätzen." (ebd.).

Die Verhaltensbiologin Haug-Schnabel ist davon überzeugt, dass sich für einen Amoklauf nicht und schon gar nicht ausschließlich die Abgründe der Pubertät verantwortlich machen. Sie sagt, dass „ein Amokläufer vorher mit absoluter Sicherheit durch ein Netz gefallen ist" und „weder Eltern noch Großeltern noch Erzieher oder Lehrer haben gemerkt, was dem Kind fehlte."(ebd.). So hätten Eltern von Amokläufern in der Regel jahrelang versäumt wahrzunehmen, ob ihr Kind glücklich sei, ob es Freunde und Hobbys, Ideen für die Zukunft und einen Platz in der Welt habe (ebd.).

5.8 Intervention nach einem Amoklauf durch eine Steuerungs-gruppe

Ein effektives Mittel zur Bewältigung der Traumata nach einem Amoklauf stellt die sog. Steuerungsgruppe dar. Die Steuerungsgruppe wird zur mittel- und langfristigen Betreuung der Betroffenen ins Leben gerufen und tagt beispielsweise vierteljährlich. Sie setzt sich aus folgenden Vertretern bzw. Personen zusammen:

- Vertretung des Kultusministeriums
- Fachaufsicht der Schulpsychologen
- Schulpsychologen
- Schulsozialarbeiter
- Vertreter des Regionalschulamts
- Schulleiter
- Schülervertreter
- Elternvertreter

Die Steuerungsgruppe hat das Ziel, ein Betreuungsprogramm für die Betroffenen zu entwickeln, die Angemessenheit und Wirksamkeit der allgemeinen und der psychologischen Betreuung von Schülern und Lehrern fortlaufend zu kontrollieren und zu begleiten und die aktuellen Bedürfnisse der jeweiligen Gruppen zu ermitteln (ROBERTZ/ WICKENHÄUSER 2007: 143).

Das Betreuungsprogramm orientiert sich an den von den betroffenen Lehrern und Schülern selbst geäußerten Wünschen zur Verbesserung der allgemeinen Schulsituation nach dem Amoklauf und bezieht die aus traumatologischer Sicht notwendigen psychologischen Maßnahmen zur Traumabewältigung mit ein (a. a. O.: 144).

Die Implementierung der Steuerungsgruppe gewährleistet

- die Durchführung notwendiger Maßnahmen zur Traumabewältigung aus traumatologischer Sicht
- die bedürfnisorientierte Betreuung aller Betroffenen
- die Involvierung der Schulaufsichtsbehörden in die Planung, Weiterentwicklung und Überprüfung der Wirksamkeit der Betreuungsmaßnahmen
- den permanenten Austausch unter allen Beteiligten

5.9 Fallbezogene Prävention und Intervention Emsdetten

Die Intervention nach Tatbeginn verlief in Emsdetten sehr effektiv (ROBERTZ/ WICKENHÄUSER 2007: 175 f.). In den letzten Jahren konnten umfangreiche und zielgerichtete Einsatz- und Fortbildungskonzepte eingerichtet und zur Tatzeit erfolgreich angewandt werden.

Da es in Emsdetten keine effektive Intervention vor Tatbeginn gab, konnten die Tatphantasien von Sebastian B. in die Wirklichkeit umgesetzt werden.

Der Täter hatte zuvor den prototypischen Entwicklungsweg eines School Shooters genommen. Sein subjektiv tief empfundener Missstand konnte von seinem sozialen Umfeld nicht ausgeglichen werden, was von dem Fehlen von Möglichkeiten der Anerkennung begleitet wurde. So sah er an einem bestimmten Punkt seiner Entwicklung School Shootings als Lösung seiner Krise an (a. a. O.: 176).

Diesen Lösungsweg spielte er in seiner Phantasie viele Monate lang durch. Seine Phantasien begann er langsam mittels Spielen, Filmen und Äußerungen in die Wirklichkeit zu integrieren. Im Vorfeld der tatsächlichen Realisierung äußerte er jedoch keine bekannt gewordene direkte Drohung (ebd.).

Leider wurden viele dieser Versuche, seine Phantasie wirklicher werden zu lassen, von allen Beteiligten nicht als deutliche Warnsignale übersehen oder nicht richtig eingeordnet.

Schon zwei Jahre vor der Tat hätte eine Krisenintervention bei seinem Hilferuf in einem Internetforum vielversprechend sein können.

Auch in der Schule, wo er stellenweise fast vollständig die Kommunikation verweigerte und sein Verhalten auffällig war, hätte den Anlass geben können, Sebastian B. in seiner ganzen Geschichte und Kommunikation näher zu betrachten.

Hier wäre vielleicht nicht nur eine stützende, sondern auch eine repressive Intervention notwendig gewesen, vermutlich hätte die Tat zu diesem Zeitpunkt noch verhindert werden können (ebd.).

Bezugspersonen hätten aber spätestens bei den von Bekannten wahrgenommenen Käufen von Waffen und dem Basteln von Bomben oder auch bei seinem Versuch, die selbst erstellte Counter-Strike-Karte seiner Schule im dortigen Netzwerk einzustellen, hellhörig werden sollen. Ein erster Schritt wäre das Herstellen eines Kontaktes und das Hinterfragen seiner Motivationen und Einstellungen gewesen, um zu verstehen, was ihn antrieb. Dies hätte ermöglicht, mit dem jungen Mann seine grundlegenden Probleme zu bearbeiten, das soziale Band zu ihm zu stützen und somit auch der Tat repressiv vorzubeugen (ebd.).

Das nordrhein-westfälische Innenministerium hat sich für die Zukunft dazu entschlossen, die bisherige Zusammenarbeit zwischen Schule und Polizei weiter zu verstärken und auf eine frühe Erkennung von Amokläufern hin auszurichten. Hierzu fordert ein Erlass vom 28. November 2006 an alle Kreispolizeibehörden nachdrücklich auf.

Auch die Schulbehörden sollten die Notwendigkeit präventiver Arbeit begreifen, sich mit dem Thema auseinandersetzen und Methoden erlernen, um verzweifelte Jugendliche mit intensiven Gewaltphantasien zu erkennen. Nur so können auch effektive Hilfeleistungen angeboten werden (ebd.).

Zu einer umfassenden Gewaltprävention an Schulen sind jedoch möglichst weitreichende Schritte zu empfehlen, die sich auf die Stärkung der Jugendlichen und ein prosoziales Verhalten auswirken (a. a. O.: 177). Hierzu zählen vor allem die in dem Kapitel der primärpräventiven Arbeit beschriebenen Punkte.

6 Zusammenfassung und Schlussfolgerung

Abschließend kann festgestellt werden, dass in das Phänomen des Amoklaufs sehr viele verschiedene Aspekte mit einfließen, die Ursache und Auswirkung kann hierfür nicht pauschalisiert werden und muss immer im Zusammenhang mit weiteren individuellen Faktoren, wie z.b. familiäres, schulisches und soziales Umfeld, Persönlichkeit des Jugendlichen, eigene Gewalterfahrung usw., gesehen werden.

Die Studien vermitteln ein ungefähres Bild eines potenziellen Täters. Die dargestellten verschiedenen Theorien zur Täterpersönlichkeit eines Amokläufers haben aufgezeigt, dass sehr viele äußere Faktoren zusammenkommen müssen bevor ein Jugendlicher eine solche Tat begeht. So ist er zumeist ein introvertierter und oftmals depressiv in instabilen Familienverhältnissen aufgewachsener männlicher Jugendlicher, der sich zunächst selbst in einer Opferrolle sieht und, da er dieser nicht adäquat zu begegnen weiß, sie auch nicht kompensieren kann. Es ist zu vermuten, dass bei ihm häufig das „Urvertrauen" in die eigenen Eltern früh zerstört wurde. Hinzu kommt eine Häufung von Verletzungen des eigenen Selbstwertgefühls in den für ihn relevanten Bereichen. Meist kurz vor der Umsetzung der Tat erleben diese Jugendlichen zusätzlich noch schwere Kränkungen bzw. Niederlagen. Der Versuch, das als durchweg negativ empfundene Umfeld zu neutralisieren, kompensiert der Betroffene häufig dadurch, dass er sich eine „Scheinrealität" aufbaut. Für das Verständnis solcher Denkstrukturen schafft das Konzept der Phantasie neue Sichtweisen und Denkansätze und ermöglicht es, eine Vorstellung von dem zu erhalten, was in einem jungen Menschen vor der Tat vorgeht. Von besonderer Bedeutung ist es deshalb, das Umfeld, also seine psycho-soziale Integrität, zu betrachten, denn allein durch die Anwesenheit der im Konzept dargestellten Phantasien lässt sich nicht feststellen, ob eine Gefährdung vorliegt. Vielmehr ist davon auszugehen, dass bei einem intakten und funktionalen Umfeld die Umsetzung einer solchen Tat als sehr unwahrscheinlich anzusehen ist.

Die soziologischen Theorien verdeutlichen auch, warum ein Jugendlicher in einer bestimmten Situation seine Tat umsetzen kann, oder was ihn davon abhält. Es erklärt aber nicht die Entstehung der Idee eines Jugendlichen für eine solche Tat, die häufig mit dem eigenen Tod einhergeht. Hieraus ergibt sich, dass entsprechenden Drohungen nachgegangen werden muss, aber es bedarf einer gewissen Sensibilität und außerdem muss eine Überreaktion Dritter bzgl. der Androhung eines School Shootings vermieden werden. Es gilt eine mögliche Etikettierung des Jugendlichen zu vermeiden, da sonst das

Risiko besteht seinen Lebensweg erheblich zu schädigen. Es ist also wichtig eine realistische Einschätzung des Jugendlichen und der Situation zu erhalten, um das Gefährdungspotenzial abschätzen zu können.

Das Freizeitverhalten der jugendlichen Täter zeichnet sich oft durch die Beschäftigung mit Gewalt verherrlichenden Video- und Computerspielen und nachempfundenen Rollenspielen aus. Letztlich ist festzustellen, dass dies kein ausschlaggebender Faktor ist, sondern dass Jugendliche, die eine bestehende Grundbereitschaft zu einer solchen Tat haben, diese Form der Freizeitbeschäftigung bevorzugen.

Durch die Verschärfung des Waffenrechts wurde den Jugendlichen der Zugang zu Waffen erheblich erschwert. Doch allein mit gesetzlichen Maßnahmen kann kein effektiver Schutz vor Amokläufen gewährleistet werden, da eine Vielzahl der möglichen Tatwerkzeuge oft aus dem engen Umfeld des potenziellen Täters bezogen werden.

Bei psychisch instabilen jungen Menschen kann eine Gewalttat, bei der die Täter durch eine allgegenwärtige Medienberichterstattung prominent gemacht werden, den Wunsch nach Nachahmung auslösen. Das gilt besonders dann, wenn in den Medien die Tat und ihr Hintergrund so aufgezeigt werden, dass sie bei den Zuschauern eine positive und verklärende Sichtweise bzgl. des Täters hervorrufen können. Dem späteren Täter kommt es dann häufig darauf an, das berichtete Geschehen noch zu „toppen" und so die entsprechende Resonanz in der Öffentlichkeit zu erzeugen.

Zu der Frage, ob und wie der Gefährdung des Amoklaufs an Schulen präventiv begegnet werden kann, lässt sich anhand verschiedener Untersuchungen vermuten, dass der Jugendliche in der Schule schwere Kränkungen erlitten hat oder dass er anderweitig entstandene Verletzungen auf diesen Ort projiziert. Gerade deshalb begeht der hier betrachtete Täterkreis seine Tat in der (früheren) Schule.

Bei den derzeit zu verzeichnenden Klassenstärken und dem Personalmangel wäre die Lehrerschaft schlicht damit überfordert, auch noch die offenkundig notwendige soziale Betreuung der Schüler zu leisten. Sie hat sich daher meistens auf die Aufgabe der reinen Wissensvermittlung zurückgezogen. Dabei wird nicht verkannt, dass es hin und wieder auch Lehrer gibt, die bereit sind, sich auch nachhaltig in die soziale Betreuung einzelner Schüler einzubringen. Erschwert wird dies jedoch durch die fehlende einschlägige professionelle Ausbildung für den sozialen Bereich.

Gerade weil die Schule heute neben dem Lehrauftrag auch einen Erziehungsauftrag hat, ist die fachliche Qualifikation eines Sozialarbeiters in dieser Institution unabdingbar. So entsteht die Möglichkeit, z. B. ein nicht intaktes Elternhaus der Schüler zu kompensieren. Daher sollten in Schulen grundsätzlich soziale Dienste eingerichtet werden und Sozialarbeiter die erste Anlaufstelle bei verhaltenssauffälligen Schülern sein. Dies setzt eine enge Zusammenarbeit mit den Lehrern voraus, da es oftmals die Lehrer sind, die ein auffälliges Verhalten bei ihren Schülern während des Unterrichts feststellen. Notwendig ist hierfür, dass der Stellenwert des Sozialarbeiters dem eines Lehrers angeglichen wird, und damit eine Zusammenarbeit auf gleicher Augenhöhe stattfinden kann.

Durch diese Methode profitieren nicht nur Lehrer und Sozialarbeiter, sondern vor allem auch die Schüler, die durch diese interdisziplinäre Zusammenarbeit bedarfsgerecht unterstützt werden können.

Der Schulsozialarbeiter könnte z. B. bei auffälligen Schülern die Ausbildung von Normen und Werten anregen und diese durch das Hinterfragen der Lebenswelt des Schülers thematisieren. Dies könnte im Rahmen der Verhaltensprävention sowohl in Einzelgesprächen als auch im Klassenverband in Form von Unterrichtsstunden geschehen.

Die Schulsozialarbeit kann bei der Diagnose und der Prävention von Situationen und Entwicklungen, die zu einem School Shooting führen können, wichtige Beiträge bringen und Vermeidungsstrategien entwickeln. Eine Trennung der Sozialarbeit und des sozialpädagogischen Handelns ist in der School-Shooting Arbeit nicht sinnvoll, da diese Beiträge zum einen den Bereich der Sozialarbeit (Armutslagen, Unterstützung der Eltern, strukturelle Entwicklung von Angeboten für Kinder und Jugendliche) und zum anderen den Bereich der Sozialpädagogik, die mehr auf die individuelle Unterstützung und Begleitung im Sinne einer „Nachsozialisierung" ausgerichtet sein kann, tangieren.

Ein Amoklauf an Schulen ist in erster Linie für die Opfer selbst, aber auch die indirekt Betroffenen ein traumatisches Gewalterlebnis, dass ohne eine Behandlung zu einer Posttraumatischen Belastungsstörung führen kann. Daher ist es notwendig, dass die Betroffenen sich mit den belastenden Ereignissen auseinander setzen, anstatt sie zu verdrängen oder zu verleugnen.

Auch hier kann der Sozialarbeiter unterstützend wirken, indem er z. B. eine Sofortintervention nach der Tat durchführt und die Betroffenen während dem Prozess der Trauerarbeit begleitet. So können die Auswirkungen posttraumatischer Symptome gemildert werden.

Weiter können Sozialarbeiter im Bereich der Verhältnisprävention tätig werden, etwa durch die Gestaltung der sozialräumlichen Lebensverhältnisse. Sie können bei der Verbesserung von der Bildungssituation und bei der Beantragung von finanziellen Hilfen unterstützend wirken.

Die Gestaltung sozialräumlicher Lebensverhältnisse könnte ein Ansatzpunkt für die Soziale Arbeit sein, aber in vielen Bereichen sind die finanziellen Mittel dafür nicht gegeben. Längerfristig gesehen lohnt es sich jedoch durch die Schaffung weiterer Sozialarbeiterstellen in präventive Arbeit zu investieren, insbesondere im Bereich der Institution Schule.

Die Vielfältigkeit der zu bewältigenden Aufgaben im sozialen Bereich, gerade auch in Schulen, zeigt überdeutlich die Notwendigkeit des vermehrten Einsatzes von Sozialarbeitern. So könnten zukünftig Amokläufe an Schulen idealerweise verhindert, zumindest aber in ihrer Anzahl und ihrem Ausmaß verringert werden.

7 Literaturverzeichnis

Adler, L. (2000): „Amok. Eine Studie". München: Belleville.

AKF – Arbeitsgemeinschaft für katholische Familienbildung e.V. (2010): „Kess erziehen – Erziehungskurse für Eltern". http://www.kess-erziehen.de/menu_fl.html (15.08.2010).

Aktionsbündnis Amoklauf Winnenden (2009): „Ziele des Aktionsbündnis Amoklauf Winnenden".http://www.stiftung-gegen-gewalt-anschulen.de/index.php/stiftunggegengewalt/stiftung/ziele (05.09.2010).

BMI (2008): "Änderungen des Waffenrechts 2008". http://www.bmi.bund.de/DE/Themen/Sicherheit/Waffenrecht/Waffengesetz2008/waffen gesetz2008_node.html (05.09.2010).

BMI (2009): "Änderungen des Waffenrechts als Folge des Amoklaufs von Winnenden". http://www.bmi.bund.de/SharedDocs/Pressemitteilungen/DE/2009/05/aenderung_waffe nrecht.html?nn=106630 (05.09.2010).

Bundesrecht (2002a): „Erteilung von Erlaubnissen zum Erwerb, Besitz, Führen und Schießen". http://bundesrecht.juris.de/waffg_2002/__10.html (05.09.2010).

Bundesrecht (2002b): „Verbot des Führens von Waffen bei öffentlichen Veranstaltungen". http://bundesrecht.juris.de/waffg_2002/__42.html (05.09.2010).

Bundesrecht (2002c): „Verbot des Führens von Anscheinswaffen und bestimmten tragbaren Gegenständen". http://bundesrecht.juris.de/waffg_2002/__42a.html (05.09.2010).

Bundesregierung (2009a): „Waffenrecht in Deutschland". http://www.bundesregierung.de/Content/DE/Artikel/2009/03/2009-03-13-amoklauf-waffenrecht.html (05.09.2010).

Bundesregierung (2009b): „Die Regeln des Waffenrechts im Einzelnen". http://www.bundesregierung.de/Content/DE/Artikel/2009/03/2009-03-13-waffenrecht-im-einzelnen.html (05.09.2010).

Spiegel (2009): „113 Kugeln kalte Wut". In: Der Spiegel 12/2009, S. 30-46.

Deutscher Verein für öffentliche und private Fürsorge (Hrsg.) (2002): „Fachlexikon der sozialen Arbeit". Frankfurt am Main.

Eifler, S. (2002): „Kriminalsoziologie". Bielefeld: transcript Verlag.

Eisenberg, G. (2007): „Tatort Schule". In: Frankfurter Rundschau 24.04.2007, S. 25.

Focus (2002): „Der Begriff Amok". In: Focus 18/2002, S. 26.

Fröhlich, W. D. (2000): „Wörterbuch Psychologie". München: dtv.

Geraedts, C. (1998): „Zur Tötungsdelinquenz bei jugendlichen und heranwachsenden Straftätern. Eine Analyse jugendpsychiatrisch-forensischer Gutachten aus dem Zeitraum 1981-1990 in Kiel". Kiel: Medizinische Fakultät der Christian-Albrechts-Universität zu Kiel, Dissertation.

Gugel, G. (2010): „Handbuch Gewaltprävention II". Tübingen: Institut für Friedenspädagogik e.V..

Hoffmann, J.; Wondrak, I. (2007): „Amok und zielgerichtete Gewalt an Schulen". Frankfurt: Verlag für Polizeiwissenschaft.

Kahlert, T; Lamparter, U. (1979): „Tötungsdelikte bei Jugendlichen und Heranwachsenden". In: Monatsschrift für Kriminologie und Strafrechtsreform 62, S. 206-217.

Lempp, R. (1977): „Jugendliche Mörder. Eine Darstellung an 80 vollendeten und versuchten Tötungsdelikten von Jugendlichen und Heranwachsenden". Bern: Huber.

Littmann, E.; Potschulat, B.; Szewczyk, H. (1993): „Ergebnisse forensisch-psychologisch-psychiatrischer Begutachtungen von 63 jugendlichen Tötungsdelinquenten (aus der ehemaligen DDR)". In: Monatsschrift für Kriminologie und Strafrechtsreform 76, 1, S. 17-32.

Lösel, F.; Plankensteiner, B. (2005): „Präventionseffekte sozialer Kompetenztrainings für Kinder". Bonn: CCJG-Review.

Machleidt, W.; Bauer, M.; Lamprecht, F.; Rose, H. K.; Rohde-Dachser, C. (2004): „Psychiatrie, Psychosomatik und Psychotherapie". Stuttgart: Georg Thieme Verlag.

Moore, M. H.; Petrie, C./ Braga, A./ McLaughlin, B. (2003): „Deadly Lessons. Understanding Lethal School Violence". Washington, DC: National Academies Press.

Projekt Handschlag: „Täter-Opfer-Ausgleich Projekt Handschlag". Reutlingen: http://www.projekt-handschlag.de/ (15.08.2010).

Robertz, F. J. (2004): "School Shootings. Über die Relevanz der Phantasie für die Begehung von Mehrfachtötungen durch Jugendliche". Frankfurt: Verlag für Polizeiwissenschaft.

Robertz, F. J.; Wickenhäuser R. (2007): „Der Riss in der Tafel. Amoklauf und schwere Gewalt in der Schule". Heidelberg: Springer Medizin Verlag.

Schönfelder, H. (2010): „Deutsche Gesetze - Loseblatt-Textsammlung". München: C. H. Beck-Verlag.

Schröder, S.; Lempp, R. (1988): „Borderline-Strukturen in der Pubertät und Nachpubertät als psychopathologischer Hintergrund bei kriminellen Einzeltaten Jugendlicher und Heranwachsender". In: Monatsschrift für Kriminologie und Strafrechtsreform 71, 2, S. 106-116.

Schütze, G.; Hinrichs, G. (1991): „Differentialdiagnostische Aspekte bei Jugendlichen und Heranwachsenden mit Tötungsdelikten", in: Schütz et al. (Hrsg.) Medizinrecht-Psychopathologie-Rechtsmedizin, S. 301-308. Berlin: Springer.

Sportmordwaffen (2010): „Keine Mordwaffen als Sportwaffen". http://www.sportmordwaffen.de/ (05.09.2010).

Strehlow, U.; Piesiur-Strehlow, B.; Müller-Küppers, M. (1988): „Tötungsdelikte Jugendlicher und Heranwachsender aus der Sicht des jugendpsychiatrischen Gutachters". In: Zeitschrift für Kinder- und Jugendpsychiatrie 16, S. 80-86.

Stutte, H.; Walter, R. (1976): „Katamnesen jugendlicher Gewaltdelinquenten". In: Monatsschrift für Kriminologie und Strafrechtsreform, 59, 6, S. 309-320.

Szewczyk, H. (1974): „Tötungsdelikte durch Jugendliche mit frühkindlichem Hirnschaden". In: Psychiatrie, Neurologie und medizinische Psychologie 26, S. 385-394.

Wilmanns, K. (1940): „Über Morde im Prodromalstadium der Schizophrenie". In: Zeitschrift für die gesamte Neurologie und Psychiatrie 170, S. 583-662.

Zeltwanger, W. (1989): „Die Motive bei Tötungsdelikten Jugendlicher und Heranwachsender. Eine auslesefreie Untersuchung aus jugendpsychiatrisch-forensischer Sicht". Tübingen: Universität Tübingen, Dissertation.

Tabellenverzeichnis

Ingram Content Group UK Ltd.
Milton Keynes UK
UKHW011818240723
425686UK00002B/11